Angewandte Wirtschaftsinformatik

Reihe herausgegeben von

Thomas Barton, FB Informatik, Hochschule Worms, Worms, Deutschland

Christian Müller, Technische Hochschule Wildau, Wildau, Deutschland

Die Buchreihe „Angewandte Wirtschaftsinformatik" bereitet das Themengebiet Wirtschaftsinformatik anhand grundlegender Konzepte, praxisnaher Anwendungen und aktueller Themen auf. Dabei wird auf der einen Seite die Perspektive der betrieblichen Anwendungsentwicklung beleuchtet, welche die Erstellung von betriebswirtschaftlicher Software und deren Einsatz in Unternehmen zum Gegenstand hat. Auf der anderen Seite stellt die Perspektive der Organisationsgestaltung sicher, dass die eingesetzte Software auch eine bestmögliche Einbindung in die betriebliche Organisation erfährt. Das Ziel der vorliegenden Reihe besteht darin, angewandte Wirtschaftsinformatik in Form von betrieblichen Szenarien, Best Practices und anwendungsorientierter Forschung aufzubereiten und in kompakter und verständlicher Form darzustellen. Zielgruppe sind sowohl Studierende und Lehrende als auch Praktiker.

Prof. Dr. Thomas Barton ist Professor an der Hochschule Worms. Seine Schwerpunkte liegen in den Bereichen Entwicklung betrieblicher Anwendungen, E-Business, Cloud Computing und Data Science.

Prof. Dr. Christian Müller ist Professor an der Technischen Hochschule Wildau. Seine Schwerpunkte liegen in den Bereichen Operations Research, Simulation von Geschäftsprozessen und Internet-Technologien.

Thomas Barton · Christian Müller
Hrsg.

Generative KI im Kontext der Wirtschaftsinformatik

ChatGPT in Anwendungen und konkreten Beispielen

Hrsg.
Thomas Barton Christian Müller
Homburg, Deutschland Berlin, Deutschland

ISSN 2522-0497 ISSN 2522-0500 (electronic)
Angewandte Wirtschaftsinformatik
ISBN 978-3-658-47310-5 ISBN 978-3-658-47311-2 (eBook)
https://doi.org/10.1007/978-3-658-47311-2

Die Deutsche Nationalbibliothek verzeichnet diese Publikation in der Deutschen Nationalbibliografie; detaillierte bibliografische Daten sind im Internet über https://portal.dnb.de abrufbar.

© Der/die Herausgeber bzw. der/die Autor(en), exklusiv lizenziert an Springer Fachmedien Wiesbaden GmbH, ein Teil von Springer Nature 2025

Das Werk einschließlich aller seiner Teile ist urheberrechtlich geschützt. Jede Verwertung, die nicht ausdrücklich vom Urheberrechtsgesetz zugelassen ist, bedarf der vorherigen Zustimmung des Verlags. Das gilt insbesondere für Vervielfältigungen, Bearbeitungen, Übersetzungen, Mikroverfilmungen und die Einspeicherung und Verarbeitung in elektronischen Systemen.
Die Wiedergabe von allgemein beschreibenden Bezeichnungen, Marken, Unternehmensnamen etc. in diesem Werk bedeutet nicht, dass diese frei durch jede Person benutzt werden dürfen. Die Berechtigung zur Benutzung unterliegt, auch ohne gesonderten Hinweis hierzu, den Regeln des Markenrechts. Die Rechte des/der jeweiligen Zeicheninhaber*in sind zu beachten.
Der Verlag, die Autor*innen und die Herausgeber*innen gehen davon aus, dass die Angaben und Informationen in diesem Werk zum Zeitpunkt der Veröffentlichung vollständig und korrekt sind. Weder der Verlag noch die Autor*innen oder die Herausgeber*innen übernehmen, ausdrücklich oder implizit, Gewähr für den Inhalt des Werkes, etwaige Fehler oder Äußerungen. Der Verlag bleibt im Hinblick auf geografische Zuordnungen und Gebietsbezeichnungen in veröffentlichten Karten und Institutionsadressen neutral.

Springer Vieweg ist ein Imprint der eingetragenen Gesellschaft Springer Fachmedien Wiesbaden GmbH und ist ein Teil von Springer Nature.
Die Anschrift der Gesellschaft ist: Abraham-Lincoln-Str. 46, 65189 Wiesbaden, Germany

Wenn Sie dieses Produkt entsorgen, geben Sie das Papier bitte zum Recycling.

Inhaltsverzeichnis

Teil I Einleitung

1 Generative KI im Kontext digitaler Ressourcen, Lehre, Innovation und Kundenbeziehung 3
Thomas Barton und Christian Müller
1.1   Digitale Ressourcen und Lehre 5
1.2   Innovationsmanagement 5
1.3   Analyse und Interaktion mit Kunden 6
Literatur 7

Teil II Digitale Ressourcen und Lehre

2 Versionsverwaltung von Dokumenten in Zeiten von Cloud, Cybersecurity und KI 11
Sebastian Rönnau
2.1   Einleitung 11
2.2   Technische Herausforderungen der Versionsverwaltung in Echtzeit-Kollaborationsumgebungen 12
    2.2.1   Parallele Bearbeitung und Konfliktmanagement 12
        2.2.1.1   Metadaten-Synchronisation 12
        2.2.1.2   Sicherstellung der Provenienz 12
        2.2.1.3   Fazit 13
    2.2.2   Nahtlose Synchronisation von Metadaten 13
        2.2.2.1   Herausforderungen und Techniken 13
        2.2.2.2   Praktische Umsetzung 13
        2.2.2.3   Fazit 13
    2.2.3   Sicherstellung der Provenienz von Dokumenten 14
        2.2.3.1   Bedeutung der Dokumentenprovenienz 14
        2.2.3.2   Provenienz in der digitalen Welt 14
        2.2.3.3   Technologische Ansätze zur Provenienzsicherung 14

                2.2.3.4 Herausforderungen und Lösungen 14
                2.2.3.5 Fazit 15
        2.2.4 Gewährleistung von Sicherheit und Privatsphäre 15
                2.2.4.1 Schlüsselaspekte der Sicherheit 15
                2.2.4.2 Datenschutz und Compliance 15
                2.2.4.3 Technische und organisatorische Maßnahmen 15
                2.2.4.4 Fazit 16
2.3 Integration traditioneller Versionskontrollsysteme mit cloudbasierten
    Diensten 16
        2.3.1 Nahtlose Schnittstellen und Datenkonsistenz 16
                2.3.1.1 Bedeutung der Schnittstellenkompatibilität 16
                2.3.1.2 Herausforderungen bei der Integration 16
                2.3.1.3 Strategien zur Sicherstellung der Konsistenz 17
                2.3.1.4 Technologische Lösungen 17
                2.3.1.5 Fazit 17
        2.3.2 Migrationsstrategien für lokale Repositories 17
                2.3.2.1 Kernherausforderungen 17
                2.3.2.2 Lösungsstrategien 18
                2.3.2.3 Best Practices 18
                2.3.2.4 Fazit 18
        2.3.3 Versionierung in der Cloud: Herausforderungen und
              Lösungsansätze 18
                2.3.3.1 Herausforderungen der Cloud-Versionierung 19
                2.3.3.2 Lösungsansätze für die Cloud-Versionierung 19
                2.3.3.3 Technologien und Best Practices 19
                2.3.3.4 Fazit 19
        2.3.4 Sicherheitsüberlegungen bei der Cloud-Versionierung 20
                2.3.4.1 Identifizierung von Sicherheitsrisiken 20
                2.3.4.2 Sicherheitsmaßnahmen 20
                2.3.4.3 Compliance und Regulierungen 20
                2.3.4.4 Technische Implementierung 20
                2.3.4.5 Fazit 21
2.4 Zukunftsausblick: Maschinelles Lernen und dezentrale Systeme in der
    Versionsverwaltung 21
        2.4.1 Maschinelles Lernen in der Versionskontrolle 21
        2.4.2 Dezentrale Versionierungssysteme 21
        2.4.3 Sicherheitsaspekte und Datenschutz 22
2.5 Fazit 22
2.6 Versuchsaufbau, –durchführung und -bewertung 23
Literatur 25

3 „Versteht" ein System wie ChatGPT seine eigenen Texte zur Mathematik? ... 27
Edmund Weitz
- 3.1 Einleitung ... 27
- 3.2 Methodik ... 28
- 3.3 Ausgewählte Dialoge ... 29
  - 3.3.1 Rechnen ... 29
  - 3.3.2 Externe Hilfe ... 30
  - 3.3.3 Erläutern von Zwischenschritten ... 31
  - 3.3.4 Algebraische Umformungen ... 31
  - 3.3.5 Erklären von Konzepten ... 32
  - 3.3.6 Lerntransfer ... 33
  - 3.3.7 Muster erkennen ... 34
  - 3.3.8 Logisches Denken oder stochastische Texterzeugung? ... 35
- 3.4 Fazit ... 36
- Literatur ... 36

4 Ein Vergleich von Wirtschaftsinformatik-Lehrmaterialien mit generierten Erklärungstexten ... 39
Clemens Treuling, Philipp M. Zähl, Christian Czarnecki und Martin R. Wolf
- 4.1 Einleitung ... 39
- 4.2 Grundlagen ... 40
  - 4.2.1 ChatGPT ... 40
  - 4.2.2 Lernen & Bloom'sche Taxonomie ... 42
  - 4.2.3 Projekt WiLMo ... 43
- 4.3 Methodik ... 44
- 4.4 Ergebnisse ... 48
- 4.5 Diskussion ... 50
- 4.6 Zusammenfassung, Limitationen & Ausblick ... 53
- 4.7 Ergänzende Materialien ... 54
- Literatur ... 54

Teil III Innovationsmanagement

5 Die Zukunft des Technologiescoutings: Wie ein digitales Transfertool von KI-basierter Contentgenerierung profitiert ... 59
Marko Bahle und Bénédict Loesert-Albrecht
- 5.1 Innovative Ansätze im Technologiescouting: Der Einfluss von KI-gestützter Textgenerierung ... 59
- 5.2 Definition und Ziele des Technologiescoutings und des Wissens- und Technologietransfers ... 60
- 5.3 Potenzial und Übersicht von KI-basierten Textgenerierungswerkzeugen ... 62

5.4 Technologieerkundung und -kommunikation mit dem Inno Radar:
Eine Fallstudie zur Integration von KI und Markdown 65
5.5 Experimenteller Ansatz: Aktualisierung eines vorhandenen
Technologieradars 66
    5.5.1 Das Setup von ChatGPT 67
    5.5.2 Das Prompt-Engineering 68
    5.5.3 Die Ergebnisse 71
5.6 Reflexionen und Herausforderungen: KI-gestützte Textgenerierung im
Technologiescouting und Wissens- und Technologietransfer 72
5.7 Potenziale und Zukunftsperspektiven KI-basierter Contentgenerierung
für ein digitales Transfertool 73
Literatur 75

**6 Szenarioanalysen mit ChatGPT – Potenziale und Grenzen
KI-gestützter Vorausschau** 77
Dana Mietzner
6.1 Szenarioanalyse als eine Methode der strategischen Vorausschau 77
6.2 Partizipative Szenarioanalyse Flughafenregion 79
    6.2.1 Einflussanalyse Szenarioanalyse Flughafenregion BER 79
    6.2.2 Entwicklung von Zukunftsprojektionen 82
    6.2.3 Entwicklung von Szenarien 82
    6.2.4 Szenariokommunikation 82
6.3 Entwicklung von Szenarien mithilfe von ChatGPT 4.0 83
    6.3.1 Einflussanalyse mit ChatGPT 4.0 84
    6.3.2 Entwicklung von Zukunftsprojektionen mit ChatGPT4.0 86
    6.3.3 Erstellung von Szenarien mit ChatGPT. 87
    6.3.4 Szenariokommunikation mit ChatGPT 88
6.4 Diskussion und Fazit 88
Literatur 94

Teil IV Kundenanalyse und Kundeninteraktion

7 Data Science und KI – made by Data Science und KI 97
Jens Kaufmann und Daniel Retkowitz
7.1 Einführung – Data Science, KI und ChatGPT 97
7.2 Lösen einer klassischen Klassifikationsaufgabe mit R 98
    7.2.1 Problemstellung, Lösungsansatz und (naive) Umsetzung 99
    7.2.2 Durchführung einer Analyse mit Entscheidungsbaum und
manueller Fehlerkorrektur 101
    7.2.3 Interpretation der Ergebnisse sowie Beseitigung von
Fallstricken 102
    7.2.4 Generierte Handlungsempfehlungen und Bewertung 105

7.3 Lösen einer Bildklassifikation mit Python 106
    7.3.1 Generieren einer ersten Lösung 106
    7.3.2 Konkretisierung der Lösung 108
    7.3.3 Bewertung der Ergebnisse 113
7.4 Zusammenfassung und Ausblick 114
Literatur 115

8 Wie Produktivitätsgewinne in der Kundenbetreuung durch KI-basierte Textgenerierung erzielt werden – heutige und zukünftige Einsatzmöglichkeiten 117
Markus Steer
8.1 Was bedeutet KI in der Kundenbetreuung 117
8.2 Markttrends für textgenerierende KI 118
8.3 Nutzenpotenziale 119
8.4 Use Cases für KI-basierte Textgenerierung in der Kundenbetreuung 120
    8.4.1 Personalisierung 121
    8.4.2 Customer Support 122
    8.4.3 Automatisierung 123
    8.4.4 Next Best Action 125
    8.4.5 Weitere KI-Anwendungsfälle in der Kundenbetreuung – neben der Textgenerierung 126
8.5 Grenzen der KI 126
8.6 Zusammenfassung 128
Literatur 129

9 Multimodales Fenster in die Vergangenheit der ehemaligen Vauban-Festung Saarlouis mittels ChatGPT 131
Alice Virginia Chase, Margarita Chikobava, Matthieu Deru, Christian Hauck, Peter Poller, Alassane Ndiaye, Jörg Baus, Thomas Achim Schmeyer, Ralf Gampfer und Boris Brandherm
9.1 Einleitung und Motivation 131
9.2 Verwandte Arbeiten 133
9.3 Die Tourismus-Anwendung SaAR-Louis 134
9.4 Dialogsystem 137
    9.4.1 Spracheingabe und Sprachausgabe 137
    9.4.2 Benutzerdefinierte Wissensdatenbank 139
    9.4.3 Prompt und Sprachmodell-Parameter 142
9.5 Fragen und Antworten 144
9.6 Zusammenfassung und Ausblick 150
9.7 Danksagung 152
Literatur 152

Herausgeber- und Autorenverzeichnis

Herausgeber

Prof. Dr. Thomas Barton Thomas Barton studierte und promovierte an der TU Kaiserslautern. Anschließend war er ca. 10 Jahre bei der SAP SE tätig mit Schwerpunkt Anwendungsentwicklung, auch Beratung, Schulung und Projektleitung. Seit 2006 arbeitet er an der Hochschule Worms als Professor für Informatik mit dem Schwerpunkt Wirtschaftsinformatik. Seine Tätigkeitsschwerpunkte liegen in den Bereichen Entwicklung betrieblicher Anwendungen, E-Business und Data Science. Er ist Autor und Herausgeber zahlreicher Publikationen. Darüber hinaus ist er in verschiedenen Gremien und Fachausschüssen aktiv. So engagiert er sich auch als Sprecher des GI-Beirates für Hochschulen für Angewandte Wissenschaften und als Vorsitzender des Fachbereichstags FBTI.

Prof. Dr. Christian Müller Prof. Dr. Christian Müller studierte Mathematik an der Freien Universität Berlin und promovierte 1989 über Netzwerkflüsse mit Nebenbedingungen. Von 1990 bis 1992 arbeitete er bei der Schering AG und von 1992 bis 1994 bei den Berliner Verkehrsbetrieben (BVG) im Bereich Fahr- und Dienstplanoptimierung. 1994 erhielt er einen Ruf an die Technische Hochschule Wildau, Deutschland. Er ist Professor im Studiengang Wirtschaftsinformatik und Dekan des Fachbereichs Wirtschaft, Informatik und Recht. Seine Forschungsschwerpunkte sind die Konzeption von Informationssystemen, Mathematische Optimierung und die Simulation von Geschäftsprozessen.

Verzeichnis der Autorinnen und Autoren

Marko Bahle Hochschule Wildau, Wildau, Deutschland

Dr. Jörg Baus DFKI, Saarbrücken, Deutschland

Dr. Boris Brandherm DFKI, Saarbrücken, Deutschland

Alice Virginia Chase DFKI, Saarbrücken, Deutschland

Margarita Chikobava DFKI, Saarbrücken, Deutschland

Prof. Dr. Christian Czarnecki FH Aachen, Aachen, Deutschland

Dr. Matthieu Deru DFKI, Saarbrücken, Deutschland

Prof. Dr. Ralf Gampfer Hoschule Worms, Worms, Deutschland

Dr. Christian Hauck DFKI, Saarbrücken, Deutschland

Prof. Dr. Jens Kaufmann Hochschule Niederrhein, Krefeld, Deutschland

Prof. Dr. Bénédict Loesert-Albrecht Hochschule Wildau, Wildau, Deutschland

Prof. Dr. Dana Mietzner Hochschule Wildau, Wildau, Deutschland

Dr. Alassane Ndiaye DFKI, Saarbrücken, Deutschland

Dr. Peter Poller DFKI, Saarbrücken, Deutschland

Prof. Dr. Daniel Retkowitz Hochschule Niederrhein, Krefeld, Deutschland

Prof. Dr. Sebastian Rönnau Hochschule Wildau, Wildau, Deutschland

Thomas Achim Schmeyer DFKI, Saarbrücken, Deutschland

Markus Steer SAP SE, Walldorf, Deutschland

Clemens Treuling FH Aachen, Aachen, Deutschland

Prof. Dr. Edmund Weitz Hochschule für Angewandte Wissenschaften Hamburg, Hamburg, Deutschland

Prof. Dr. Martin R. Wolf FH Aachen, Aachen, Deutschland

Philipp M. Zähl FH Aachen, Aachen, Deutschland

Teil I
Einleitung

Generative KI im Kontext digitaler Ressourcen, Lehre, Innovation und Kundenbeziehung

Thomas Barton und Christian Müller

Künstliche Intelligenz (KI) ist ein Begriff, der aus unserem Alltag nicht mehr wegzudenken ist. Das ist insofern bemerkenswert, da Künstliche Intelligenz doch ein Teilgebiet der Informatik ist, bei der es um mathematisch fundierte, informatische und informationstechnische Themen wie Algorithmen, Daten, Systeme, logisches Schließen, neuronale Netze u. v. m. geht. Der Tatsache, dass KI längst in der Mitte unserer Gesellschaft angekommen ist, wird auch dadurch Rechnung getragen, dass sich selbst Abgeordnetenhäuser schon seit Jahren mit KI beschäftigen. So schlägt das Europäische Parlament folgende Definition vor:

▶ Künstliche Intelligenz ist die Fähigkeit einer Maschine, menschliche Fähigkeiten wie logisches Denken, Lernen, Planen und Kreativität zu imitieren [1].

Im Kontext der Wirtschaftsinformatik kann KI in verschiedenen Bereichen wie z. B. Marketing, Vertrieb, Service, Recruiting, Projektmanagement sowie Modellierung und Automatisierung von Geschäftsprozessen eingesetzt werden [2].

T. Barton (✉)
Homburg, Deutschland
E-Mail: barton@hs-worms.de

C. Müller
Berlin, Deutschland
E-Mail: christian.mueller@th-wildau.de

© Der/die Autor(en), exklusiv lizenziert an Springer Fachmedien Wiesbaden GmbH, ein Teil von Springer Nature 2025
T. Barton, C. Müller (Hrsg.), *Generative KI im Kontext der Wirtschaftsinformatik*, Angewandte Wirtschaftsinformatik, https://doi.org/10.1007/978-3-658-47311-2_1

Zu dem Thema KI gibt es zwei verschiedene Zugänge [3]: So stellt die symbolische KI formale Methoden und Programmiersprachen zur Verfügung, verwendet logische Regeln erster Ordnung und wird mit Wissensdatenbanken und Expertensystemen assoziiert. Subsymbolische KI stellt Methoden zur Verfügung, um Korrelationen zwischen Eingabe- und Ausgabevariablen herzustellen, und umfasst Lernmethoden wie z. B. Deep Learning oder genetische Algorithmen. Verschiedene Anwendungen nutzen Methoden aus den beiden unterschiedlichen Bereichen und stellen eine Verbindung zwischen diesen her.

ChatGPT wurde im November 2022 durch OpenAI veröffentlicht [4]. Bereits in einer Woche hat ChatGPT schon eine Million Nutzer erreicht und ist damit die am schnellsten verbreitete Applikation weltweit [5]. Seit dieser Zeit ist eine stetig zunehmende Aufmerksamkeit für generative Künstliche Intelligenz entstanden [6].

▶ Generative Künstliche Intelligenz ist ein weit gefasster Begriff für Techniken und Werkzeuge aus der Informatik, die zur Erstellung neuer Inhalte verwendet werden können. Darunter sind Text, Sprache und Audio, Bilder und Video, Code und andere digitale Artefakte [7].

ChatGPT ist ein großes Sprachmodell (Large Language Model). Neben ChatGPT existieren andere große Sprachmodelle, die von Unternehmen oder Hochschulen entwickelt werden. Somit bleibt festzustellen, dass ChatGPT nicht einzigartig ist.

▶ Ein großes Sprachmodell ist ein neuronales Netzwerk, das auf einer Transformer-Architektur [8] basiert und das mit sehr umfangreichen Sammlungen von Daten trainiert wird, mit dem Ziel, das nächste Wort in einem Halbsatz vorherzusagen [9].

Große Sprachmodelle können in der Lehre eingesetzt werden, um Lerninhalte zu erstellen, um das Engagement und die Zusammenarbeit mit den Lernenden zu verbessern und um Lernerfahrungen zu personalisieren [10].

Große Sprachmodelle können Texte generieren, die fehlerhafte Inhalte oder inkorrekte Aussagen enthalten und als Halluzinationen bezeichnet werden [11]: Bei intrinsischen Halluzinationen treten Fehler auf, die unter Verwendung der Informationen im Eingabedokument als Folge einer Synthese von Inhalten entstehen. Extrinsische Halluzinationen erzeugen Texte, wobei das Ausgangsmaterial gänzlich ignoriert wird. Eine Zusammenfassung eines Dokuments kann eine faktische Halluzination beinhalten, wenn in ihr Informationen enthalten sind, die sachlich richtig sind, aber nicht im Dokument vorhanden sind.

Durch die Verwendung von generativer KI kann es daher zu verzerrten oder fehlerhaften Ergebnissen kommen, für die sich der Begriff „Bias" eingebürgert hat. Hierbei wird im Kontext der durch ein KI-System zu treffenden Vorhersage „Bias" als Voreingenommenheit bezeichnet, die bzgl. einer Person oder Gruppe in einer bestimmten Weise als ungerecht empfunden wird [12].

1.1 Digitale Ressourcen und Lehre

In vielen Organisationen stellt Dokumentenmanagement eine Basis für eine erfolgreiche und transparente Zusammenarbeit von Menschen dar. Hierbei spielt die Versionierung von Dokumenten eine zentrale Rolle, um die Integrität und die Nachverfolgbarkeit von Dokumenten sicherzustellen. In einer digitalen Arbeitswelt mit Echtzeit-Kollaborationsumgebungen wird die simultane Bearbeitung von Dokumenten zur Norm. Damit sind Anforderungen wie eine effiziente Verfolgung von Änderungen und eine intelligente Lösung von Konflikten essenziell. Die Notwendigkeit, insbesondere bei Cloud-basierten Diensten fortgeschrittene Cybersecurity-Maßnahmen und Künstliche Intelligenz (KI) einzusetzen, bringt neue und komplexe Herausforderungen für die Versionsverwaltung mit sich, wie der Beitrag von Sebastian Rönnau in Kap. 2 zeigt. Der Beitrag führt nicht nur in die Thematik ein und untersucht die Herausforderungen bzgl. einer modernen Versionierung von Dokumenten, sondern gibt darüber hinaus einen ersten Einblick, ob und wie eine Versionierung mithilfe von ChatGPT erfolgen kann.

Inwieweit ChatGPT dazu in der Lage ist, sinnvolle Antworten auf Fragen zur wissenschaftlichen Mathematik und auf logische Schlussfolgerungen zu geben, wird in dem Beitrag von Edmund Weitz in Kap. 3 thematisiert. Insbesondere wird hinterfragt, ob sich ChatGPT als verlässlicher Tutor für Mathematik eignet. Zu diesem Zweck wurden verschiedene Dialoge geführt. Ausgewählt für eine Analyse wurden Dialoge, in denen Fehler aufseiten von ChatGPT beobachtet wurden. ChatGPT hat bereits mit unerwartet guten Ergebnissen verschiedene Prüfungen erfolgreich absolviert. Hierbei gilt es zu beachten, dass das Sprachmodell nicht für mathematische Fragestellungen gedacht ist.

Das Autorenteam Clemens Treuling, Philipp M. Zähl, Christian Czarnecki und Martin R. Wolf beschäftigt sich in Kap. 4 mit der Frage, wie generative KI am Beispiel von ChatGPT eingesetzt werden kann, um den Lernprozess in einem Studium der Wirtschaftsinformatik für Studierende zu vereinfachen. Dabei wird ChatGPT hinsichtlich seiner Eignung getestet, Inhalte der Wirtschaftsinformatik zu erklären. So werden an ChatGPT Fragen zu verschiedenen Themengebieten der Wirtschaftsinformatik wie beispielsweise zu Grundlagen der Wirtschaftsinformatik sowie zur Auswahl und Einführung von betrieblichen Anwendungssystemen gestellt. Die Antworten werden anschließend mit konventionellen Lehr- und Lernmaterialien anhand zuvor aufgestellter Kriterien verglichen. Insbesondere wird untersucht, ob ChatGPT zur Wissensvermittlung und dem Verständnis neuer Inhalte geeignet ist.

1.2 Innovationsmanagement

Der Beitrag von Marko Bahle und Bénédict Loesert-Albrecht thematisiert in Kap. 5 den Einsatz von KI-gestützter Textgenerierung im Rahmen des Technologiescoutings und untersucht ihre Zukunft. Nach einer Einführung, die Definition und Ziele von Technologiescouting umfasst, erfolgt eine Übersicht zu KI-basierten Textgenerierungswerkzeugen. Eine Fallstudie, welche die Aktualisierung eines Technologieradars zum Gegenstand hat, das ChatGPT zur Textgenerierung nutzt, wird vorgestellt. Reflexionen zu Herausforderungen und möglichen Zukunftsperspektiven runden den Beitrag ab.

Dana Mietzner untersucht in ihrem Beitrag in Kap. 6, wie Komponenten von Zukunftsszenarien mit ChatGPT erzeugt werden können und welche Grenzen eine KI-gestützte Vorausschau besitzt. Vorteile, die Durchführungsgeschwindigkeit signifikant zu erhöhen, die Dokumentation des Prozesses zu unterstützen und damit den Erstellungsaufwand von Szenarien zu reduzieren, stehen der Skepsis entgegen, ob belastbare Ergebnisse und Entscheidungen damit erzielt werden können.

1.3 Analyse und Interaktion mit Kunden

Die Verwendung von generativer KI im Kontext von Data Science (Kap. 7) ist Gegenstand des Beitrages von Jens Kaufmann und Daniel Retkowitz. Thematisiert werden zwei Fragestellungen, bei der sowohl Python als auch R als Programmiersprachen zum Einsatz kommen. Eine Fragestellung umfasst die Durchführung einer Klassifikationsaufgabe mit der Programmiersprache R, während in der zweiten Aufgabe die Lösung einer Bildklassifikation mit Python erfolgt. Die durch ChatGPT erstellten Lösungen werden analysiert und bewertet.

Der Einsatz von generativer KI zu Verbesserung von Qualität und Effizienz in der Kundenbetreuung ist Gegenstand des Beitrages von Markus Steer in Kap. 8. Der Autor zeigt die Einsatzmöglichkeiten von KI-basierter Textgenerierung für Marketing, Vertrieb und Service auf. Zu diesem Zweck stellt er Anwendungsfälle in verschiedenen Anwendungsbereichen vor, die u. a. Personalisierung, Kundensupport und Automatisierung umfassen. Dabei werden einerseits Lösungen vorgestellt, die bereits in einem betrieblichen Ablauf zur Verfügung stehen, und andererseits Ideen präsentiert, die einen Ausblick auf künftige Einsatzmöglichkeiten geben.

Im Beitrag eines Autorenteams um Boris Brandherm stellt Kap. 9 eine touristische Mixed-Reality-Anwendung für eine frühere Festungsstadt aus dem Saarland vor. Mithilfe dieser Anwendung lassen sich Fragen von Besuchern zu der Geschichte der Stadt beantworten, wobei Ein- und Ausgabe per Sprache erfolgt. Die Beantwortung der Fragen erfolgt hierbei mithilfe von ChatGPT, indem eine benutzerdefinierte Wissensdatenbank aufgebaut und mit spezifischem Fachwissen versehen wird. Erste Erfahrungen, die im Rahmen einer Nutzerstudie untersucht werden, werden vorgestellt.

Literatur

1. Europäisches Parlament. (2020). Was ist Künstliche Intelligenz und wie wird sie genutzt? https://www.europarl.europa.eu/topics/de/article/20200827STO85804/was-ist-kunstliche-intelligenz-und-wie-wird-sie-genutzt. Zugegriffen am 22.11.2024.
2. Barton, T., & Müller, C. (Hrsg.) (2021). *Künstliche Intelligenz in der Anwendung. Angewandte Wirtschaftsinformatik*. Springer Vieweg. https://doi.org/10.1007/978-3-658-30936-7
3. Ilkou, E., & Koutraki, M. (2020). Symbolic vs sub-symbolic AI methods: Friends or enemies? In S. Conrad & I. Tiddi (Hrsg.), *Proceeding of the CIKM (Conference on information and knowledge management) workshops* (S. 1–8).
4. OpenAI. (2022). Introducing ChatGPT. https://openai.com/index/chatgpt/. Zugegriffen am 04.12.2024.
5. UBS Chief Investment Office GWM. (2023). Let's chat about ChatGPT. https://secure.ubs.com/public/api/v2/investment-content/documents/XILxY9V9P5RazGpDA1Cr_Q?apikey=Y8VdAx8vhk1P9YXDlEOo2Eoco1fqKwDk&Accept-Language=de-CH. Zugegriffen am 04.12.2024.
6. Brynjolfsson, E., Li, D., & Raymond, L. R. (2023). *Generative AI at work*. Working paper 31161. National Bureau of Economic Research. https://doi.org/10.3386/w31161. Zugegriffen am 04.12.2024.
7. ACM Technology Policy Committee. (2023). Principles for the development, deployment, and use of generative AI technologies. https://downloads.regulations.gov/NTIA-2023-0005-1302/attachment_1.pdf. Zugegriffen am 04.12.2024.
8. Vaswani, A., Shazeer, N., Parmar, N., Uszkoreit, J., Jones, L., Gomez, A. N., Kaiser, L., & Polosukhin, I. (2017). Attention is all you need. In I. Guyon, U. Von Luxburg, S. Bengio, H. Wallach, R. Fergus, S. Vishwanathan, & R. Garnett (Hrsg.), *NeurIPS proceedings: Advances in neural information processing systems 30 (NIPS 2017)*. https://papers.nips.cc/paper/2017. Zugegriffen am 04.12.2024
9. Bubeck, S., Chandrasekaran, V., Eldan, R., Gehrke, J., Horvitz, E., Kamar, E., Lee, P., Lee, Y. T., Li, Y., Lundberg, S., et al. (2023). Sparks of artificial general intelligence: Early experiments with gpt-4.arXiv preprint arXiv:2303.12712.
10. Kasneci, E., Seßler, K., Küchemann, S., Bannert, M., Dementieva, D., Fischer, F., Gasser, U., Groh, G., Günnemann, S., et al. (2023). *ChatGPT for good? On opportunities and challenges of large language models for education*. TU München. https://doi.org/10.35542/osf.io/5er8f
11. Maynez, J., Narayan, S., Bohnet, B., & McDonald, R. (2020). On faithfulness and factuality in abstractive summarization. In D. Jurafsky, J. Chai, N. Schluter, & J. Tetreault (Hrsg.), *Proceedings of the 58th annual meeting of the Association for Computational Linguistics* (S. 1906–1919) https://aclanthology.org/2020.acl-main.173. Zugegriffen am 04.12.2024
12. Ntoutsi, E., Fafalios, P., Gadiraju, U., Iosifidis, V., Nejdl, W., Vidal, M. E., & Krasanakis, E. (2020). Bias in data-driven artificial intelligence systems – An introductory survey. *Wiley Interdisciplinary Reviews: Data Mining and Knowledge Discovery, 10*(3), e1356.

Teil II

Digitale Ressourcen und Lehre

Versionsverwaltung von Dokumenten in Zeiten von Cloud, Cybersecurity und KI

2

Sebastian Rönnau

2.1 Einleitung

In der heutigen Ära der Digitalisierung erleben wir eine fundamentale Veränderung in der Art und Weise, wie Informationen erstellt, geteilt und verwaltet werden. Besonders die effektive Verwaltung von Dokumentversionen spielt eine zentrale Rolle bei der Sicherstellung von Integrität, Nachverfolgbarkeit und Sicherheit in organisatorischen Prozessen. Die zunehmende Abhängigkeit von cloudbasierten Diensten, fortgeschrittenen Cybersecurity-Maßnahmen und der Implementierung künstlicher Intelligenz (KI) in Geschäftsprozesse bringt neue und komplexe Herausforderungen für die Versionsverwaltung mit sich. Diese Entwicklungen erfordern eine Neubewertung traditioneller Ansätze und die Einführung innovativer Technologien, um sowohl die Integrität als auch die Zugänglichkeit von Dokumenten zu garantieren und gleichzeitig die Effizienz der Zusammenarbeit zu steigern.

Dieses Kapitel beleuchtet die technischen Aspekte der Versionsverwaltung und wie sie durch die aktuellen Trends in Cloud-Computing, Cybersecurity und KI beeinflusst werden. Im Fokus stehen dabei die Identifizierung und Verwaltung unterschiedlicher Dokumentversionen sowie die Sicherstellung ihrer Provenienz – beides Schlüsselelemente für die Wahrung der Dokumentenintegrität in einer zunehmend vernetzten Welt.

Der Artikel ist in drei Hauptabschnitte gegliedert, die jeweils die technischen Herausforderungen in Echtzeit-Kollaborationsumgebungen, die Integration traditioneller Versionskontrollsysteme mit cloudbasierten Diensten und die zukünftigen Entwicklungen

---

S. Rönnau (✉)
TH Wildau, Wildau, Deutschland
E-Mail: sebastian.roennau@th-wildau.de

© Der/die Autor(en), exklusiv lizenziert an Springer Fachmedien Wiesbaden GmbH, ein Teil von Springer Nature 2025
T. Barton, C. Müller (Hrsg.), *Generative KI im Kontext der Wirtschaftsinformatik*, Angewandte Wirtschaftsinformatik, https://doi.org/10.1007/978-3-658-47311-2_2

in der automatisierten Versionskontrolle durch maschinelles Lernen und KI beleuchten. Ziel ist es, ein tiefes Verständnis für die komplexen Anforderungen der Dokumentenversionierung in der digitalen Ära zu schaffen und innovative Ansätze aufzuzeigen, die Organisationen bei der Optimierung ihrer Dokumentenverwaltung unterstützen.

2.2 Technische Herausforderungen der Versionsverwaltung in Echtzeit-Kollaborationsumgebungen

Die digitale Transformation hat den Grundstein für globale Echtzeit-Kollaborationsumgebungen gelegt, in denen Teammitglieder unabhängig von ihrem Standort zusammenarbeiten können. Diese Entwicklung birgt jedoch komplexe technische Herausforderungen für die Versionsverwaltung von Dokumenten. In diesem Abschnitt werden die vielschichtigen Aspekte der Synchronisation, Konflikterkennung und -lösung in einer Welt, in der simultane Bearbeitungen zur Norm geworden sind, beleuchtet.

2.2.1 Parallele Bearbeitung und Konfliktmanagement

Die digitale Transformation hat die Möglichkeiten der Zusammenarbeit in Echtzeit-Kollaborationsumgebungen erweitert, was zu neuen technischen Herausforderungen in der Versionsverwaltung von Dokumenten führt.

In Umgebungen, wo mehrere Nutzer gleichzeitig an Dokumenten arbeiten, ist die Fähigkeit, Änderungen effizient zu verfolgen und Konflikte intelligent zu lösen, essenziell. Grundlegende Mechanismen wie Locking-Verfahren können in dynamischen Umgebungen Engpässe verursachen. Fortschrittlichere Ansätze, wie Operational Transformation (OT) und Conflict-free Replicated Data Types (CRDTs), ermöglichen eine effizientere Handhabung durch die Zusammenführung von Änderungen in einer Weise, die die Intentionen aller Benutzer respektiert.

2.2.1.1 Metadaten-Synchronisation
Die Synchronisation von Metadaten, einschließlich Informationen wie Autor, Zeitstempel der Änderungen und Versionsnummern, ist entscheidend für die Nachverfolgbarkeit von Änderungen. In verteilten Systemen, besonders in cloudbasierten Umgebungen, erfordert dies den Einsatz von Techniken wie Zeitstempeln, Log-Dateien und Vector Clocks, um Inkonsistenzen zu vermeiden und eine natürliche Konvergenz von Metadaten zu erreichen.

2.2.1.2 Sicherstellung der Provenienz
Die lückenlose Dokumentation der Entstehungsgeschichte, Bearbeitung und Verbreitung von Dokumenten ist für Authentizität und Compliance unerlässlich. Digitale Signaturen,

Blockchain-Technologien und umfassende Audit Trails sind wichtige Werkzeuge, um die Provenienz von Dokumenten in einer digitalen Umgebung zu gewährleisten.

2.2.1.3 Fazit

Die Bewältigung dieser technischen Herausforderungen erfordert einen ausgewogenen Einsatz von Technologie, klaren Prozessen und einer fortlaufenden Anpassung an die sich wandelnden Anforderungen der digitalen Arbeitswelt. Eine effiziente Versionsverwaltung ermöglicht nicht nur eine verbesserte Zusammenarbeit, sondern stellt auch sicher, dass die Integrität und Sicherheit der Dokumente gewahrt bleibt.

2.2.2 Nahtlose Synchronisation von Metadaten

Die Synchronisation von Metadaten in Echtzeit-Kollaborationsumgebungen ist entscheidend für die Aufrechterhaltung der Dokumentenintegrität und die Nachvollziehbarkeit von Änderungen. Metadaten wie Autoreninformationen, Zeitstempel und Versionsnummern spielen eine zentrale Rolle, um den Überblick über die Historie und den Kontext von Dokumentänderungen zu behalten.

2.2.2.1 Herausforderungen und Techniken

In cloudbasierten und verteilten Systemen sind die Hauptherausforderungen der Metadaten-Synchronisation die Latenz und die Vermeidung von Inkonsistenzen. Um diesen Herausforderungen zu begegnen, werden Techniken wie Zeitstempel, Log-Dateien und Vector Clocks eingesetzt. Diese Instrumente gewährleisten, dass Änderungen in einer chronologischen und nachvollziehbaren Reihenfolge aufgezeichnet werden, unabhängig davon, wo oder wann sie vorgenommen wurden.

2.2.2.2 Praktische Umsetzung

Moderne Dokumentenmanagementsysteme nutzen diese Techniken, um Änderungen in Echtzeit zu erfassen und zu verteilen. Dabei wird häufig ein Publish/Subscribe-Modell verwendet, sodass alle Benutzer stets die aktuellsten Metadaten sehen. Dies stellt sicher, dass die gesamte Versionsgeschichte eines Dokuments transparent und zugänglich bleibt.

2.2.2.3 Fazit

Die effektive Synchronisation von Metadaten ist ein Schlüsselelement, um die Kollaboration in verteilten Arbeitsumgebungen zu erleichtern. Durch den Einsatz moderner Technologien und das Befolgen von Best Practices können Organisationen sicherstellen, dass die Integrität und Nachverfolgbarkeit von Dokumenten auch in dynamischen und verteilten Systemen erhalten bleibt.

2.2.3 Sicherstellung der Provenienz von Dokumenten

Die Provenienz von Dokumenten – also die lückenlose Dokumentation ihrer Entstehungsgeschichte, Bearbeitung und Verbreitung – ist ein kritischer Aspekt, um Authentizität, Compliance und die Einhaltung von Governance-Richtlinien sicherzustellen. Dieser Abschnitt erörtert Methoden und Technologien, die zur Aufrechterhaltung einer verlässlichen Provenienz in digitalen Dokumentenmanagementsystemen beitragen.

2.2.3.1 Bedeutung der Dokumentenprovenienz
Die Provenienz gibt Aufschluss darüber, wer ein Dokument erstellt oder bearbeitet hat, wann und warum diese Bearbeitungen stattfanden und wie das Dokument über die Zeit hinweg verwendet wurde. In vielen Branchen, wie etwa im Gesundheitswesen, der Rechtsberatung oder in regulierten Industrien, ist die Provenienz für die Einhaltung von gesetzlichen und regulatorischen Anforderungen unerlässlich.

2.2.3.2 Provenienz in der digitalen Welt
In der digitalen Welt wird die Provenienz durch die Sammlung und Verwaltung von Metadaten erfasst. Jede Version eines Dokuments, jede Bearbeitung und jeder Kommentar muss eindeutig einem Autor zugeordnet und mit einem Zeitstempel versehen werden können. Digitale Signaturen und Verschlüsselung können zusätzlich verwendet werden, um die Authentizität und Unveränderlichkeit der Historie zu gewährleisten.

2.2.3.3 Technologische Ansätze zur Provenienzsicherung
Digitale Signaturen: Durch die Anwendung digitaler Signaturen kann die Authentizität eines Dokuments nachgewiesen werden. Jede Bearbeitung führt zu einer neuen Signatur, welche die Änderungen verifizierbar macht.

Blockchain-Technologie: Die Blockchain bietet eine dezentrale und manipulationssichere Möglichkeit, die Historie eines Dokuments zu speichern. Einmal in die Blockchain eingetragen, kann die Historie nicht mehr unbemerkt verändert werden.

Versionierungssysteme: Softwaresysteme wie Git oder Subversion speichern vollständige Change Logs und unterstützen die Rückverfolgbarkeit von Änderungen auf eine Weise, die die Provenienzinformationen bewahrt.

Audit Trails: Ein Audit Trail, oder Prüfpfad, zeichnet alle Zugriffe und Änderungen an einem Dokument auf. Diese Protokolle sind essenziell, um die Nutzungsgeschichte zu verstehen und bei Bedarf Revisionen durchzuführen.

2.2.3.4 Herausforderungen und Lösungen
Die größte Herausforderung bei der Sicherstellung der Provenienz ist die Vermeidung von Datenmanipulation und -verlust. Redundante Speicherung, regelmäßige Backups und die Verwendung von Integritätsprüfungen sind einige der Maßnahmen, die ergriffen werden können, um die Provenienzinformationen zu schützen. Darüber hinaus muss sichergestellt

werden, dass die Provenienzinformationen selbst vor unbefugtem Zugriff und Veränderungen geschützt sind.

2.2.3.5 Fazit
Die Sicherstellung der Provenienz von Dokumenten ist ein mehrschichtiger Prozess, der sowohl technologische Lösungen als auch organisatorische Richtlinien umfasst. Der Einsatz von fortschrittlichen Technologien wie Blockchain und digitalen Signaturen in Kombination mit bewährten Praktiken der Informationssicherheit bildet die Grundlage für eine zuverlässige Dokumentenprovenienz. Dies trägt nicht nur zur Einhaltung von Compliance-Standards bei, sondern stärkt auch das Vertrauen der Stakeholder in die digitale Dokumentenverwaltung.

2.2.4 Gewährleistung von Sicherheit und Privatsphäre

Die Gewährleistung von Sicherheit und Privatsphäre ist entscheidend für die Versionsverwaltung in modernen digitalen Umgebungen, insbesondere bei der Nutzung cloudbasierter Dienste. Dieser Abschnitt befasst sich mit den wesentlichen Sicherheitsmaßnahmen und Datenschutzpraktiken, die erforderlich sind, um sensible Informationen und Dokumentversionen zu schützen.

2.2.4.1 Schlüsselaspekte der Sicherheit
Die Sicherung der Daten in Versionsverwaltungssystemen umfasst mehrere Aspekte:
  Zugriffskontrollen: Implementierung feingranularer Zugriffskontrollen, um sicherzustellen, dass nur autorisierte Benutzer auf spezifische Dokumentversionen zugreifen können.
  Verschlüsselung: Sowohl die Verschlüsselung der Daten bei der Speicherung als auch bei der Übertragung ist unerlässlich, um Datenlecks zu verhindern.
  Auditierung und Monitoring: Kontinuierliche Überwachung und regelmäßige Audits sind erforderlich, um ungewöhnliche Aktivitäten zu erkennen und Sicherheitslücken schnell zu schließen.

2.2.4.2 Datenschutz und Compliance
Neben der technischen Sicherheit ist die Einhaltung von Datenschutzstandards wie der DSGVO und branchenspezifischen Vorschriften (z. B. HIPAA im Gesundheitswesen) unerlässlich. Datenschutz durch Design und datenschutzfreundliche Voreinstellungen sollten integrale Bestandteile jeder Versionsverwaltungslösung sein.

2.2.4.3 Technische und organisatorische Maßnahmen
Effektive Sicherheits- und Datenschutzpraktiken erfordern eine Kombination aus technischen Lösungen und organisatorischen Maßnahmen:

Technische Lösungen: Einsatz von Ende-zu-Ende-Verschlüsselung, sicheren API-Endpunkten und regelmäßigen Sicherheitsüberprüfungen.

Organisatorische Maßnahmen: Schulungen und Bewusstseinsbildung bei den Mitarbeitern, um das Risiko von Datenlecks durch menschliche Fehler zu minimieren.

2.2.4.4 Fazit

Eine robuste Sicherheits- und Datenschutzstrategie ist unerlässlich für die effektive und vertrauenswürdige Verwaltung von Dokumentversionen, insbesondere in cloudbasierten Systemen. Durch die Implementierung von Best-Practice-Sicherheitsprotokollen und die ständige Anpassung an neue Bedrohungen und regulatorische Anforderungen können Organisationen den Schutz ihrer Daten und die Privatsphäre der Nutzer gewährleisten.

2.3 Integration traditioneller Versionskontrollsysteme mit cloudbasierten Diensten

Während traditionelle Versionskontrollsysteme eine solide Grundlage für die Verwaltung von Dokumentenversionen bieten, erfordert die zunehmende Verlagerung von Unternehmensprozessen in die Cloud eine nahtlose Integration dieser Systeme mit cloudbasierten Diensten. Dieser Abschnitt widmet sich den Strategien und Techniken, die eine solche Integration ermöglichen und die Datenintegrität während der Migration und des Betriebs in der Cloud sicherstellen.

2.3.1 Nahtlose Schnittstellen und Datenkonsistenz

Die Integration von traditionellen Versionskontrollsystemen mit modernen cloudbasierten Plattformen stellt eine der Kernherausforderungen für die IT-Infrastruktur von Unternehmen dar. Die Wahrung der Datenkonsistenz über verschiedene Systeme und Dienste hinweg ist dabei ein kritischer Faktor für die Integrität des Dokumentenmanagements.

2.3.1.1 Bedeutung der Schnittstellenkompatibilität

Traditionelle Versionskontrollsysteme, wie SVN oder Perforce, wurden für eine Ära entwickelt, in der lokale Serverinfrastrukturen vorherrschten. Der Übergang zu cloudbasierten Diensten, wie AWS CodeCommit oder GitHub, erfordert die Schaffung kompatibler Schnittstellen, die eine reibungslose Kommunikation zwischen alten und neuen Systemen ermöglichen.

2.3.1.2 Herausforderungen bei der Integration

Systemheterogenität: Unterschiedliche Datenmodelle und Architekturen zwischen traditionellen und Cloud-Systemen erschweren eine direkte Integration.

Netzwerklatenz und -zuverlässigkeit: Die physische Trennung von lokalen Systemen und Cloud-Diensten kann zu Latenz und Synchronisationsproblemen führen.

Datensicherheit: Die Übertragung von Daten zwischen Systemen eröffnet potenzielle Sicherheitslücken, die adressiert werden müssen.

2.3.1.3 Strategien zur Sicherstellung der Konsistenz

API-Brücken: Die Entwicklung von APIs, die als Brücken zwischen verschiedenen Systemen fungieren, kann Dateninkonsistenzen reduzieren und die Integration erleichtern.

Middleware-Lösungen: Einsatz von Middleware, die als Vermittler zwischen den Systemen dient und dabei hilft, Daten zu transformieren und zu synchronisieren.

Datenabgleich und Replikation: Regelmäßiger Abgleich der Daten zwischen den Systemen und Replikation der Datenbanken, um Konsistenz zu gewährleisten.

2.3.1.4 Technologische Lösungen

Microservices und Containerisierung: Die Verwendung von Microservices kann die Integration erleichtern, indem sie die Isolation von Diensten ermöglicht und die Flexibilität erhöht.

Event-Driven Architecture (EDA): Eine ereignisgesteuerte Architektur kann die Synchronisation von Änderungen in Echtzeit fördern und somit die Datenkonsistenz verbessern.

2.3.1.5 Fazit

Die Schaffung nahtloser Schnittstellen und die Wahrung der Datenkonsistenz sind entscheidend für die erfolgreiche Integration von Versionskontrollsystemen in die Cloud. Durch den Einsatz fortschrittlicher Technologien und Architekturen können Unternehmen sicherstellen, dass ihre Datenintegrität auch in hybriden Umgebungen gewahrt bleibt. Wichtig ist dabei, dass die Implementierung nicht nur technisch einwandfrei ist, sondern auch die betrieblichen Anforderungen und Sicherheitsstandards berücksichtigt.

2.3.2 Migrationsstrategien für lokale Repositories

Die Einführung der Cloud-Technologie hat die Landschaft der Versionsverwaltung grundlegend verändert, indem sie neue Möglichkeiten und gleichzeitig spezifische Herausforderungen bietet. In diesem Abschnitt werden die Kernherausforderungen der Cloud-Versionierung und die wichtigsten Strategien zu deren Bewältigung dargestellt.

2.3.2.1 Kernherausforderungen

Datenintegrität: In der Cloud ist die Aufrechterhaltung der Integrität jeder Dokumentversion von größter Bedeutung, um sicherzustellen, dass die Dokumentenhistorie zuverlässig und genau bleibt.

Skalierbarkeit: Mit zunehmender Menge und Größe der Daten muss das Cloud-System effizient skalieren können.

Konsistenz und Latenz: Die Sicherstellung einer starken Konsistenz über verteilte Datenzentren hinweg ist essenziell, ebenso wie die Minimierung von Latenz für eine nahtlose Benutzererfahrung.

2.3.2.2 Lösungsstrategien

Immutable Storage: Die Verwendung von unveränderlichem Speicher in der Cloud sichert jede Version und schützt sie vor nachträglichen Änderungen.

Verteilte Datenbanksysteme: Solche Systeme bieten hohe Verfügbarkeit und Konsistenz, was für die Datenintegrität und -konsistenz entscheidend ist.

Content Delivery Networks (CDNs): CDNs können die Latenz verringern und die Leistung verbessern, indem sie Daten näher am Benutzer speichern.

Automatisierte Backups und Snapshots: Diese Techniken helfen, den aktuellen Stand der Daten zu sichern und erleichtern die Wiederherstellung bei Bedarf.

2.3.2.3 Best Practices

Object Versioning in Cloud Storage: Eingebaute Versionierungsfunktionen in Cloud-Speicherdiensten wie Amazon S3 helfen, verschiedene Versionen effizient zu verwalten.

Einsatz von Microservices: Microservices ermöglichen modulare Updates und vereinfachen die Versionierung einzelner Komponenten.

Integration von DevOps-Praktiken: Die Anwendung von Continuous Integration und Continuous Deployment (CI/CD) fördert eine agile und effiziente Versionsverwaltung.

2.3.2.4 Fazit

Die Versionierung in der Cloud bringt spezifische Herausforderungen mit sich, die jedoch durch strategische Planung und den Einsatz moderner Technologien gemeistert werden können. Die Kombination aus technologischen Lösungen und bewährten Verfahren ermöglicht es Unternehmen, die Vorteile der Cloud-Versionierung voll auszuschöpfen und gleichzeitig die Integrität und Leistungsfähigkeit ihrer Daten zu gewährleisten.

2.3.3 Versionierung in der Cloud: Herausforderungen und Lösungsansätze

Die Einführung der Cloud-Technologie hat die Versionierung von Dokumenten und Software erheblich verändert und bietet neue Möglichkeiten, bringt aber auch spezifische Herausforderungen mit sich. Dieser Abschnitt befasst sich mit den Problemen, die beim Versionieren von Inhalten in der Cloud auftreten können, und bietet praktische Lösungen an.

2.3.3.1 Herausforderungen der Cloud-Versionierung

Datenintegrität: Beim Hochladen und Aktualisieren von Dokumenten in der Cloud müssen Maßnahmen ergriffen werden, um die Integrität jeder Version zu gewährleisten.

Skalierbarkeit: Mit zunehmender Anzahl von Versionen und Benutzern muss das System effizient skalieren, ohne an Leistung zu verlieren.

Konsistenz: Die Gewährleistung einer starken Konsistenz über geografisch verteilte Datenzentren hinweg kann schwierig sein.

Latency: Geringe Latenzzeiten sind entscheidend, um eine nahtlose Benutzererfahrung zu gewährleisten, besonders bei der Bearbeitung und Versionierung in Echtzeit.

2.3.3.2 Lösungsansätze für die Cloud-Versionierung

Immutable Storage: Die Nutzung von unveränderlichem Speicher in der Cloud kann helfen, jede Version eines Dokuments sicher zu archivieren und vor nachträglichen Änderungen zu schützen.

Verteilte Datenbanksysteme: Einsatz verteilter Datenbanksysteme, die für hohe Verfügbarkeit und Konsistenz ausgelegt sind, um die Herausforderungen der Datenintegrität und Konsistenz zu bewältigen.

Content Delivery Networks (CDNs): CDNs können die Latenz verringern, indem sie Kopien der Daten näher am Endbenutzer speichern.

Automatisierte Backups und Snapshots: Regelmäßige Backups und die Erstellung von Snapshots sichern den aktuellen Stand und erleichtern die Wiederherstellung früherer Versionen.

2.3.3.3 Technologien und Best Practices

Einsatz von Object Versioning in Cloud Storage: Dienste wie Amazon S3 bieten eingebaute Versionierung für Objekte, die es ermöglichen, verschiedene Versionen eines Objekts im gleichen Bucket zu speichern.

Microservices für modulare Updates: Durch die Verwendung von Microservices können einzelne Teile einer Anwendung unabhängig versioniert und aktualisiert werden.

Adoption von DevOps-Praktiken: Integration von DevOps-Tools und -Praktiken, wie Continuous Integration und Continuous Deployment, um die Versionierung und das Release-Management zu automatisieren.

2.3.3.4 Fazit

Die Versionierung in der Cloud bietet enorme Vorteile in Bezug auf Flexibilität und Zugänglichkeit, stellt jedoch einzigartige Anforderungen an die Datenverwaltung. Durch die Anwendung bewährter Verfahren und den Einsatz von Cloud-spezifischen Technologien können Organisationen diese Herausforderungen erfolgreich meistern. Die kontinuierliche Anpassung an die neuesten Cloud-Technologien und die Implementierung von Best Practices sind der Schlüssel zu einer effektiven Versionierung in der Cloud.

2.3.4 Sicherheitsüberlegungen bei der Cloud-Versionierung

Die Speicherung und Verwaltung von Dokumentversionen in der Cloud muss strengen Sicherheitsprotokollen folgen, um sensible Daten zu schützen und Compliance-Anforderungen zu erfüllen. Dieser Abschnitt behandelt die wesentlichen Sicherheitsaspekte, die bei der Versionierung in der Cloud berücksichtigt werden müssen.

2.3.4.1 Identifizierung von Sicherheitsrisiken
Zunächst ist es wichtig, potenzielle Sicherheitsrisiken zu identifizieren, die mit der Cloud-Versionierung verbunden sind:

Unautorisierte Zugriffe: Der Schutz vor unbefugtem Zugriff auf frühere Versionen eines Dokuments ist essenziell.

Datenlecks: Alte Versionen von Dokumenten können sensible Informationen enthalten, die nicht öffentlich werden dürfen.

Version Interdependency: Sicherheitslücken in einer Version können sich auf andere Versionen auswirken, wenn Abhängigkeiten nicht ordnungsgemäß verwaltet werden.

2.3.4.2 Sicherheitsmaßnahmen
Um diese Risiken zu mitigieren, sollten folgende Sicherheitsmaßnahmen implementiert werden:

Verschlüsselung: Alle Versionen sollten sowohl bei der Übertragung als auch bei der Speicherung verschlüsselt werden, um Datenlecks zu verhindern.

Zugriffssteuerung: Feingranulare Zugriffskontrollmechanismen und Identitätsmanagement-Systeme sollten eingesetzt werden, um sicherzustellen, dass nur berechtigte Nutzer Zugriff auf die Versionierungsinformationen haben.

Audit Trails: Umfassende Audit Trails sollten implementiert werden, um alle Zugriffe auf die Versionen und die damit verbundenen Aktionen nachvollziehen zu können.

2.3.4.3 Compliance und Regulierungen
DSGVO und andere Datenschutzgesetze: Die Einhaltung der DSGVO und anderer relevanter Datenschutzgesetze ist entscheidend, besonders wenn personenbezogene Daten in Dokumentversionen enthalten sind.

Branchenspezifische Standards: Je nach Branche können zusätzliche Sicherheitsstandards wie HIPAA für Gesundheitsdaten oder PCI DSS für Zahlungsinformationen gelten.

2.3.4.4 Technische Implementierung
Sichere API-Endpunkte: Die Verwendung von sicheren API-Endpunkten mit modernen Authentifizierungsprotokollen wie OAuth 2.0 trägt dazu bei, die Integrität der Versionierungsoperationen zu gewährleisten.

Automatisierte Sicherheitsüberprüfungen: Regelmäßige automatisierte Sicherheitsüberprüfungen und Penetrationstests sollten durchgeführt werden, um Schwachstellen proaktiv zu identifizieren und zu beheben.

2.3.4.5 Fazit

Die Gewährleistung der Sicherheit bei der Cloud-Versionierung erfordert ein umfassendes Verständnis der damit verbundenen Risiken sowie die Implementierung einer mehrschichtigen Sicherheitsstrategie. Durch die Kombination von starken Verschlüsselungsmethoden, strikter Zugriffskontrolle, kontinuierlichem Monitoring und Einhaltung der Compliance-Vorgaben können Organisationen ein hohes Maß an Sicherheit für ihre Cloud-basierten Versionierungssysteme erreichen.

2.4 Zukunftsausblick: Maschinelles Lernen und dezentrale Systeme in der Versionsverwaltung

Die Zukunft der Versionsverwaltung wird zunehmend von den Fortschritten im Bereich des maschinellen Lernens (ML) und der dezentralen Technologien beeinflusst. Diese Technologien versprechen, Effizienz, Sicherheit und Skalierbarkeit der Versionsverwaltung erheblich zu verbessern.

2.4.1 Maschinelles Lernen in der Versionskontrolle

Maschinelles Lernen bietet neue Möglichkeiten, um den Prozess der Versionskontrolle zu automatisieren und zu verfeinern:

Automatisierte Konfliktlösung: ML-Algorithmen können eingesetzt werden, um Konflikte bei der Dokumentbearbeitung zu erkennen und intelligente Lösungsvorschläge zu generieren.

Vorhersageanalyse: Durch die Analyse von Bearbeitungsmustern können ML-Modelle Vorhersagen treffen und Benutzer proaktiv bei der Versionsverwaltung unterstützen.

Verbesserte Kollaboration: ML kann dazu beitragen, die Zusammenarbeit zu optimieren, indem es die Präferenzen und Arbeitsstile der Nutzer lernt und anpasst.

2.4.2 Dezentrale Versionierungssysteme

Dezentrale Technologien wie Blockchain haben das Potenzial, die Versionsverwaltung zu revolutionieren:

Transparente und sichere Aufzeichnung: Blockchain-Technologie kann für eine transparente und manipulationssichere Aufzeichnung von Änderungen genutzt werden, was besonders für die Provenienz von Dokumenten wichtig ist.

Dezentrale Architekturen: Solche Systeme bieten Möglichkeiten für eine dezentrale Speicherung und Verwaltung von Dokumentversionen, wodurch Risiken zentralisierter Systeme gemindert werden.

2.4.3 Sicherheitsaspekte und Datenschutz

Mit dem Einsatz von ML und dezentralen Technologien müssen auch die Sicherheitsaspekte und Datenschutzanforderungen neu bewertet werden:

Datenschutz bei ML: Die Verwendung von ML in der Versionsverwaltung muss unter Beachtung strenger Datenschutzrichtlinien erfolgen.

Sicherheit dezentraler Systeme: Trotz ihrer inhärenten Sicherheitsvorteile müssen dezentrale Systeme sorgfältig auf potenzielle Schwachstellen überprüft werden.

2.5 Fazit

Die vorangegangene Diskussion hat die Bedeutung einer robusten Versionsverwaltung in der heutigen, von der Cloud dominierten Geschäftswelt herausgestellt, in der Cybersecurity und künstliche Intelligenz zunehmend an Bedeutung gewinnen. Wir haben die technischen Herausforderungen untersucht, die sich aus der Echtzeit-Kollaboration ergeben, sowie Strategien zur Integration traditioneller Systeme mit cloudbasierten Lösungen und den Einfluss innovativer Technologien auf zukünftige Entwicklungen in der Versionsverwaltung.

Das Fähigkeitenset, das für die effektive Verwaltung von Dokumentenversionen benötigt wird, hat sich erweitert. Es umfasst nun nicht nur das Wissen um klassische Versionskontrollsysteme, sondern auch ein tiefes Verständnis für Cloud-Architekturen, Cybersecurity-Maßnahmen und die Anwendung von KI-Technologien. Die Integration dieser Elemente stellt sicher, dass Organisationen die Nachvollziehbarkeit, Revisionssicherheit und Kollaboration verbessern können, während sie gleichzeitig die Integrität und Sicherheit ihrer Daten gewährleisten.

Blickt man in die Zukunft, ist es offensichtlich, dass maschinelles Lernen und dezentrale Technologien das Potenzial haben, die Effizienz und Sicherheit der Versionsverwaltung weiter zu steigern. Die Automatisierung von Routineaufgaben, die Optimierung von Kollaborationsprozessen und die Erhöhung der Sicherheitsstandards sind nur einige der Vorteile, die diese Technologien bieten können. Dennoch müssen Organisationen vorsichtig sein und die Implementierung dieser Technologien sorgfältig planen, um unbeabsichtigte Konsequenzen zu vermeiden und sicherzustellen, dass die technologischen Fortschritte die Geschäftsziele unterstützen und nicht untergraben.

Zusammenfassend ist festzuhalten, dass die Dokumentenversionierung ein kritisches Feld bleibt, das kontinuierliche Aufmerksamkeit und Anpassung erfordert. Während sich die Technologie weiterentwickelt, müssen auch die Prozesse, Richtlinien und Schulungsprogramme weiterentwickelt werden, um mit den sich ändernden Anforderungen Schritt zu halten. Letztendlich wird der Erfolg der Versionsverwaltung von der Fähigkeit einer Organisation abhängen, neue Technologien zu adaptieren und gleichzeitig ein hohes Maß an Betriebssicherheit und Compliance aufrechtzuerhalten.

2.6 Versuchsaufbau, –durchführung und -bewertung

Dieses Kapitel wurde ausschließlich durch ChatGPT in der Version 4.0 erstellt. Der generierte Text wurde lediglich in das vorgegebene Layout dieses Buches überführt. Dieser Abschnitt beschreibt das Vorgehen zur Generierung dieses Kapitels und versucht sich an einer Bewertung des Ergebnisses.

Dieser Versuch wurde im dritten Quartal 2023 mit der freien Version ChatGPT 3.5 gestartet. Als die Limitierungen der KI immer deutlicher zu Tage traten, wurde der Versuchsaufbau mit der kostenpflichtigen Version ChatGPT 4.0 im vierten Quartal 2023 wiederholt.

Generell war es nicht möglich, den Text zusammenhängend generieren zu lassen. Bereits der Versuch wurde mit der Aussage „[…] ich kann keine vollständigen wissenschaftlichen Artikel erstellen […] Ich kann jedoch grundlegende Strukturen und Themen […] vorschlagen […]" abgebrochen. Demzufolge wurde ChatGPT als erstes gebeten, zunächst eine Struktur vorzuschlagen und danach für jeden Abschnitt getrennt um Ausarbeitung gebeten. Im Folgenden wurden die Abschnitte manuell zusammengeführt und ChatGPT wiederum aufgefordert, (die teils erheblichen) Redundanzen zu entfernen und die Länge des Gesamtkapitels der Vorgabe anzupassen. Der hier beschriebene Prozess greift dabei verschiedene Strategien des sog. Prompt Engineerings auf [10]. Durch die Bereitstellung eines Kontextes (z. B. der zuvor generierten Gliederung) ist ChatGPT in der Lage, die Aufgabe deutlich präziser zu beantworten. Vereinfacht lässt sich der Prozess wie im folgenden Pseudocode dargestellt abbilden:

```
Gliederung = „erstelle Gliederung"
Abstract= „erstelle Zusammenfassung für Gliederung"
Foreach Element in Gliederung:
 Abschnittsgliederung = „erstelle Abschnittsgliederung"
 Foreach Teilabschnitt in Abschnittsgliederung:
 Abschnitt.add(„erstelle Teilabschnitt")
 Text.add= „vermeide Redundanzen"(Abschnitt)
Text = „vermeide Redundanzen"(Text)
Text = „passe auf Ziellänge an"(Text)
```

Es muss allerdings zugegeben werden, dass die Fragestellung teilweise neu formuliert werden musste, um eine sinnvolle Antwort zu erhalten. So wurden beispielsweise im Bereich der Versionierung durch ChatGPT Lösungsansätze aus dem Bereich der Sourcecode-Verwaltung genannt, die im Kontext des Dokumentenmanagements ungeeignet wären. Hier war es notwendig, unter Nutzung des vorhandenen Domänenwissens die inhaltliche Richtung des generierten Texts durch mehrfache kritische Nachfragen auf das gewünschte Thema zu lenken.

In der Bewertung des Ergebnisses muss zugegeben werden, dass das generierte Kapitel einen umfassenden Überblick über den aktuellen Stand der Forschung gibt; viele relevante Themen werden aufgelistet. Allerdings werden die vorgeschlagenen Lösungen nur sehr oberflächlich beschrieben. Der Versuch, ChatGPT zu konkreteren Aussagen zu bewegen, ist nicht geglückt.

Weiterhin ist ChatGPT nicht in der Lage, die getätigten Aussagen mit Quellen zu belegen. Die Bitte, Referenzen zu benennen, wird mit „Leider kann ich keine spezifischen Artikel oder direkten Zitate bereitstellen, da mein Zugriff auf externe Datenbanken oder aktuelle Artikel begrenzt ist" abgelehnt. Es ist allerdings möglich, generische Quellen aufzählen zu lassen [1][2][3][4][6][7][8][9][11][12]. Hierbei wird teilweise auch nicht die eigentliche Quelle genannt, sondern nur der Name der Publikation und die Plattform aufgeführt, auf der die Publikation abgerufen wurde, wie z. B. ResearchGate oder ScienceDirect. Informationen bezüglich der Autor:innen, der Konferenz oder des Verlags werden dabei nicht erwähnt. Bei der Bewertung der Qualität der Quellen wird offensichtlich, dass diese Artikel vor allem nach der Ähnlichkeit des Titels zu den gesuchten Schlagworten und der Neuheit der Publikation ausgewählt wurden. Kriterien wie die Zitierhäufigkeit scheinen bei der Auswahl nicht berücksichtigt worden zu sein.

ChatGPT durchläuft derzeit eine rapide Weiterentwicklung. Daher sind die generierten Antworten nicht deterministisch. Während der Durchführung des Experiments im zweiten Halbjahr 2023 erschien die Generierung der Texte über die Dauer mehr und mehr eingeschränkt zu werden; ein Eindruck, der von zahlreichen Nutzenden festgestellt wurde [5]. Das ist auch ein Grund, weshalb im gezeigten Pseudocode die Teilabschnitte separat erstellt wurden.

Dennoch lässt sich abschließend festhalten, dass ChatGPT mächtig genug ist, ein Buchkapitel zu erstellen. Allerdings sind grundlegende Fähigkeiten des wissenschaftlichen Arbeitens, wie beispielsweise das Erzeugen eines sinnvollen Quellennachweises, (bislang) nicht genug ausgeprägt. Auch bedarf die Erstellung der Begleitung einer Domänenexpertin oder eines Domänenexperten, um eine akzeptable Qualität des Ergebnisses sicherzustellen.

Literatur

1. Agarwal, V., Bar-Haim, R., Eden, L., Gupta, N., Kantor, Y., & Kumar, A. (2021). AI-assisted security controls mapping for clouds built for regulated workloads. In *2021 IEEE 14th international conference on cloud computing (CLOUD)* (S. 136–146). https://doi.org/10.1109/CLOUD53861.2021.00027
2. Archbee. (2023). Key benefits of document version control in cloud documentation tools. https://www.archbee.com/blog/document-version-control-cloud-benefits. Zugegriffen am 12.11.2023.
3. Chen, D., & Zhao, H. (2021). Applying AI in version control systems: A machine learning approach. *Journal of Artificial Intelligence Research, 69*(4), 555–579.
4. CSO Online. (2023). Keep it secret, keep it safe: The essential role of cybersecurity in document management. https://www.csoonline.com/article/1100998/keep-it-secret-keep-it-safe-the-essential-role-of-cybersecurity-in-document-management.html. Zugegriffen am 12.11.2023.
5. Edwards, B. (2023). As ChatGPT gets "lazy," people test "winter break hypothesis" as the cause. https://arstechnica.com/information-technology/2023/12/is-chatgpt-becoming-lazier-because-its-december-people-run-tests-to-find-out/. Zugegriffen am 27.02.2024.
6. Kapoor, S., & Sood, S. K. (2023). Blockchain for document versioning: A decentralized approach. *IEEE Transactions on Dependable and Secure Computing, 20*(2), 330–344.
7. Li, Y., Wang, X., & Zhou, M. (2023). Cybersecurity in document management: Risks and solutions. *International Journal of Information Security, 22*(1), 89–102.
8. Müller, A., & Schmidt, B. (2022). Cloud-based document version control: An integrated approach. *Journal of Cloud Computing, 15*(3), 123–145.
9. Nizamuddin, N., Salah, K., Ajmal Azad, M., Arshad, J., & Rehman, M. H. (2019). Decentralized document version control using ethereum blockchain and IPFS. *Computers & Electrical Engineering, 76*(2019), 183–197. https://doi.org/10.1016/j.compeleceng.2019.03.014
10. OpenAI. (2024). Prompt engineering. https://platform.openai.com/docs/guides/prompt-engineering. Zugegriffen am 12.02.2024.
11. PairSoft. (2021). How AI is transforming document management systems. https://www.pairsoft.com/blog/how-ai-is-transforming-document-management-systems/. Zugegriffen am 12.11.2023.
12. Sarker, I. H., Furhad, M. H., & Nowrozy, R. (2021). AI-driven cybersecurity: An overview, security intelligence modeling and research directions. *SN Computer Science, 2*, 173. https://doi.org/10.1007/s42979-021-00557-0

"Versteht" ein System wie ChatGPT seine eigenen Texte zur Mathematik?

3

Edmund Weitz

Die beeindruckenden Fortschritte der KI-basierten Textgenerierung in jüngster Zeit werfen die Frage auf, ob die neuen Systeme die von ihnen hervorgebrachten Inhalte verstehen oder ob sie lediglich „stochastische Papageien" sind, wie es Skeptiker gerne ausdrücken. Obwohl es keine umfassende und allgemein akzeptierte operationale Definition von „Verstehen" gibt, bieten sich mathematische Themen zur Annäherung an diese Frage an, weil in der Mathematik zumindest Einigkeit über „richtig" und „falsch" besteht und präzise Formulierungen möglich sind, so dass eine vergleichsweise objektive Bewertung der Ausgaben möglich ist. In diesem Kapitel wird die derzeit aktuelle Version von ChatGPT (Stand August 2023, basierend auf GPT-4 mit dem Wolfram-Plugin) exemplarisch mit mathematischen Fragen konfrontiert und die Qualität der Antworten wird evaluiert. Der Fokus liegt dabei nicht auf dem Rechnen und dem Lösen von typischen Prüfungsaufgaben, sondern auf konzeptionellen Fragen zur wissenschaftlichen Mathematik und auf logischen Schlussfolgerungen.

3.1 Einleitung

Die Veröffentlichung von ChatGPT im November 2022 war sicher ein Meilenstein in der Geschichte der sogenannten künstlichen Intelligenz. Das dahinterstehende System dürfte wohl das erste seiner Art sein, dem man zutraut, in zukünftigen Versionen den legendären Turing-Test [18] zu bestehen. Entsprechend euphorisch fielen manche Reaktionen aus. So

E. Weitz (✉)
Hochschule für Angewandte Wissenschaften Hamburg, Hamburg, Deutschland
E-Mail: edmund.weitz@haw-hamburg.de

© Der/die Autor(en), exklusiv lizenziert an Springer Fachmedien Wiesbaden GmbH, ein Teil von Springer Nature 2025
T. Barton, C. Müller (Hrsg.), *Generative KI im Kontext der Wirtschaftsinformatik*, Angewandte Wirtschaftsinformatik, https://doi.org/10.1007/978-3-658-47311-2_3

prognostizierten sowohl der Microsoft-CEO Satya Nadella als auch der durch seine YouTube-Videos bekannte Pädagoge Salman Khan, dass es schon bald „personalisierte Tutoren" auf der Basis dieser Technologie geben werde [9, 13]. Beide bezogen sich dabei insbesondere auf das Fach Mathematik, das in Schule und Studium häufig als besonders schwierig wahrgenommen wird.

Als Sprachmodell ist ChatGPT zwar nicht speziell für Mathematik ausgelegt, das System hat jedoch einschlägige Prüfungen in diesem Fach bereits mit erstaunlich guten Ergebnissen bestehen können [12, 15, 28]. Seine mathematischen Fähigkeiten sind momentan allerdings nach der Einschätzung einiger Forscher noch „well below the level of a graduate student" [6]. Ist das Programm bereits jetzt auf einem Niveau, das einen Einsatz als personalisierter Tutor rechtfertigen würde? Oder kann man aus dem Verhalten des Systems und insbesondere aus seinen Fehlern zumindest Rückschlüsse ziehen auf seine grundsätzliche Eignung als „Lehrkraft für Mathematik" und auf die zu erwartende Leistung von zukünftigen Versionen? Der vorliegende Text versucht, sich einer Antwort auf diese Fragen anzunähern. Allerdings stehen diesem Vorhaben diverse Probleme gegenüber:

- Entgegen den ursprünglichen Intentionen bei der Gründung des Unternehmens OpenAI ist die aktuelle Version von ChatGPT keine quelloffene Software mehr [19]. Und auch der Zugriff auf den Code würde bei der Analyse der Fähigkeiten des Systems kaum helfen, da dessen eigentliche „Intelligenz" in den enormen Datenmengen steckt, mit denen es trainiert wurde.
- Spätestens die Erfolge des Programms AlphaGo [16] gegen professionelle Weltklassespieler haben demonstriert, dass selbst die Entwickler komplexer neuronaler Netze deren Verhalten nicht mehr erklären können.
- Die aktuellen Modelle sind „bewegliche Ziele", da sie kontinuierlich weiterentwickelt werden. Aufgaben, an denen beispielsweise ChatGPT noch Anfang 2023 scheiterte [23, 24], konnten wenige Wochen später – nach einem Update von GPT-3.5 auf GPT-4 – oft korrekt gelöst werden. Was in diesem Artikel beschrieben wird, kann also evtl. schon zum Zeitpunkt seiner Publikation partiell obsolet sein.
- Gleichzeitig gibt es jedoch Anzeichen dafür, dass Verbesserungen in bestimmten Bereichen ggf. zu gegenläufigen Entwicklungen auf anderen Gebieten führen können [4]. Es ist zudem nicht klar, welche Priorität mathematische Fertigkeiten für die haben, die die Entwicklung und das enorm teure Training des Modells finanzieren.

3.2 Methodik

Angesichts der beschriebenen Schwierigkeiten kann man ein System wie ChatGPT momentan nur als „Black Box" betrachten und es experimentell untersuchen. Eine naheliegende Vorgehensweise dafür ist eine quantitative Untersuchung auf der Basis eines umfangreichen Fragenkatalogs, wie sie beispielsweise in [6] oder [8] durchgeführt wurde.

Für diesen Artikel wurde jedoch ein qualitativer Ansatz gewählt, der auf der Analyse einzelner Dialoge beruht und das Verhalten des Systems nach bestimmten Kriterien evaluiert. Ein „personalisierter Tutor" muss nicht nur in der Lage sein, mathematische Prüfungsfragen korrekt zu beantworten, sondern er muss die Mathematik, um die es geht, *verstehen* können. Zudem muss er die Verständnisprobleme der Lernenden erkennen und deren Fehler korrigieren können.

Allerdings gibt es keine allgemein akzeptierte operationale Definition von „Verstehen", an der sich so eine Untersuchung orientieren könnte. In der Mathematik besteht jedoch zumindest Einigkeit über „richtig" und „falsch"; man kann präzise formulieren und Antworten vergleichsweise objektiv bewerten. In der Analyse wird es daher zunächst um grundlegende mathematische Fertigkeiten gehen, dann aber auch um das Erkennen und Verbessern von Fehlern (sowohl von eigenen als auch von denen des Fragestellers), um korrekte logische Schlussfolgerungen, Transferleistungen und das Erkennen von Mustern.

3.3 Ausgewählte Dialoge

Alle im Folgenden beschriebenen Dialoge wurden im August 2023 mit der zu diesem Zeitpunkt kostenpflichtigen Version von ChatGPT durchgeführt, die auf GPT-4 basiert. Die umfangreichen Protokolle dieser Chats würden den Rahmen des Artikels sprengen. Sie können jedoch unter der Adresse https://weitz.de/files/ChatGPT4Mathe.pdf in ungekürzter Form heruntergeladen werden. Die Nummerierung der Chats auf den folgenden Seiten hat die Form [ch *n*], wobei sich die Zahlen auf das besagte PDF beziehen.

Obwohl ChatGPT ohne Probleme Konversationen in diversen Sprachen führen kann, wurden die Dialoge nicht in Deutsch, sondern in Englisch durchgeführt, weil davon auszugehen ist, dass das Trainingsmaterial in englischer Sprache wesentlich umfangreicher war. Frühere Versuche haben zudem Anzeichen dafür geliefert, dass das Programm bei mathematischen Fragen etwas schlechter abschneidet, wenn diese auf Deutsch formuliert werden.

Es wurden hauptsächlich Dialoge ausgewählt, in denen Fehler von ChatGPT beobachtet werden können. Weil die Antworten des Systems randomisiert sind, wird man diese Fehler nicht immer sicher reproduzieren können, und es lassen sich natürlich auch viele Beispiele finden, in denen ChatGPT völlig korrekt antwortet. Es ist allerdings nicht schwer, vergleichbare falsche Antworten zu provozieren, und für die intendierte qualitative Analyse sind solche Fehler wesentlich erhellender als richtige Antworten „aus dem Lehrbuch".

3.3.1 Rechnen

In der Mathematik geht es nicht in erster Linie ums Rechnen, aber der sichere Umgang mit Zahlen ist nichtsdestotrotz eine unverzichtbare Grundlage erfolgreicher mathematischer

Tätigkeit. ChatGPT kann in der aktuellen Version mit kleinen Zahlen umgehen, versagt jedoch auf ganzer Linie, wenn die Zahlen etwas größer werden. [ch 1] zeigt, dass bereits bei einem Produkt vierstelliger Zahlen Vorsicht geboten ist. [ch 2–3] zeigen weitere Beispiele mit größeren Zahlen. Die Ergebnisse sind nicht nur falsch, sondern variieren sogar teilweise innerhalb ein und desselben Dialogs. Das Produkt von 7291 und 6348 ist mal 46268828, mal 46239728 und mal 46242168. Der korrekte Wert 46283268 kommt jedoch nicht vor. Fast noch interessanter ist, dass das System manchmal nicht erkennt, wann zwei Zahlen gleich oder verschieden sind. Wird es gebeten, ein Resultat zu begründen, so kann es zwar theoretisch beschreiben, wie eine schriftliche Multiplikation funktioniert, kann diese jedoch in der Regel nicht ohne Fehler durchführen, weil es beispielsweise meint, in der Zahl 250 käme zweimal die Ziffer 0 vor. Das führt sogar dazu, dass es sich am Ende von [ch 1] davon überzeugen lässt, dass ein eigentlich richtiges Resultat falsch ist.

3.3.2 Externe Hilfe

Man könnte nun argumentieren, dass eine gute Mathelehrerin nicht in der Lage sein muss, vierstellige Zahlen im Kopf zu multiplizieren. Sie würde wohl einen Taschenrechner zur Hilfe nehmen. Das kann ChatGPT in gewissem Sinne auch. Seit März 2023 kann das System mit sogenannten Plugins kommunizieren und das für die Mathematik wichtigste ist momentan das auf dem Computeralgebrasystem Mathematica [25] basierende Wolfram-Plugin [26]. Wie [ch 4] zeigt, wird dieses Plugin auch konsultiert, wenn es aktiviert ist und es um große Zahlen geht. In [ch 5–6] sieht man, dass das Plugin manchmal sogar für simple Berechnungen wie die Addition zweier einstelliger Zahlen befragt wird, dass dies aber von der Formulierung der Frage abzuhängen scheint.

[ch 7] gibt das „Selbstverständnis" von ChatGPT bezüglich solcher externen Hilfsmittel wieder. Natürlich ist das – wie alle Äußerungen des Systems – cum grano salis zu genießen. Es behauptet beispielsweise, den Algorithmus der Multiplikation gelernt zu haben und die Hilfe des Wolfram-Plugins für die Multiplikation zweier vierstelliger Zahlen nicht zu benötigen – um dann direkt darauf beim Berechnen eines solchen Produktes kläglich zu versagen. Da der Fokus der vorliegenden Untersuchung das *Verstehen* sein soll, ist hier anzumerken, dass ChatGPT nicht erkennen kann, wann es seinen eigenen „Rechenfähigkeiten" trauen darf. Das wird auch in [ch 8] und einigen der noch folgenden Dialoge deutlich.[1]

---

[1] Es gibt übrigens angeblich Hinweise darauf, dass bei Sprachmodellen ab einer gewissen Größe emergente Phänomene zu beobachten sind, zu denen auch das selbstständige Erlernen arithmetischer Fertigkeiten gehören könnte [2, 21]. Der aktuelle Stand ist jedoch offenbar, dass selbst die besten Modelle nicht einmal die Rechenfähigkeiten begabter Grundschüler haben.

3.3.3 Erläutern von Zwischenschritten

Ähnliche Probleme wie beim Multiplizieren großer Zahlen sind auch in [ch 9] beim Umrechnen einer periodischen Dezimalzahl in einen Bruch zu beobachten [22, S. 114]. Die Berechnung selbst wird an das Wolfram-Plugin delegiert und von diesem wird das Ergebnis selbstverständlich korrekt geliefert. Der Bitte, den Weg zu diesem Ergebnis vorzuführen, kann ChatGPT jedoch wie bei der schriftlichen Multiplikation nur in der Theorie nachkommen. Wie ein schlechter Schüler, der ein Verfahren auswendig gelernt hat, ohne es anwenden zu können, kommt ChatGPT in vier aufeinanderfolgen Versuchen nicht zum richtigen Ergebnis. Man kann dabei auch gut beobachten, dass in allen Fällen derselbe Prozess mit leichten Variationen abgespult wird, ohne dass eine nennenswerte Fehleranalyse stattfindet.

Erwähnenswert ist ebenfalls, dass das System trotz offensichtlicher Rechenfehler nicht erneut auf das Plugin zugreift und dass es „schummelt", indem es von seinen falschen Resultaten behauptet, sie seien identisch mit dem vom Plugin berechneten Ergebnis. Beispielsweise wird mehrfach behauptet, gewisse Zahlen seien durch 11 teilbar, obwohl sie es nicht sind, damit Brüche „gekürzt" werden können, die man nicht kürzen kann.

3.3.4 Algebraische Umformungen

Wie das Rechnen ist das Umformen von Termen ein unerlässliches Hilfsmittel in der Mathematik. Auch hier hat ChatGPT momentan noch deutliche Schwächen. [ch 10] zeigt, wie das Lösen einer simplen linearen Gleichung (Stoff der Mittelstufe) an das Wolfram-Plugin ausgelagert wird. In [ch 11] soll das System diese Gleichung ohne externe Hilfe lösen und scheitert. Nach einem Hinweis „erkennt" es zwar, dass das Ergebnis falsch ist, macht aber beim zweiten Versuch denselben Fehler und stellt dann sogar die gewagte These auf, die Gleichung könne evtl. gar keine Lösung haben. Zu beachten ist dabei, dass es hier nicht um einen Rechenfehler wie oben geht, sondern um das mehrfache „Übersehen" von Termen bei einer Umformung: Was eben noch $x/2$ war, wird eine Zeile später plötzlich zu x.

[ch 12] ist ein umfangreicheres Beispiel, das neben der Schwäche bei algebraischen Umformungen noch diverse andere Probleme aufzeigt. ChatGPT hatte hier Zugriff auf das Wolfram-Plugin, hat dieses aber erst spät und zunächst auch falsch eingesetzt. Eigentlich ging es nur um das Abfragen einer sogenannten Faulhaberschen Formel [14, S. 80 f.], die sich mit Sicherheit im Trainingsmaterial befand. Diese wurde jedoch falsch wiedergegeben. Beim Vergleich mit der richtigen Formel insistiert das System mehrfach, seine eigene Formel sei ebenfalls richtig, und führt dabei haarsträubende Argumente an: Bei einer Addition sei es egal, ob noch ein weiterer Summand hinzukäme, 7/100 sei dasselbe wie 7/10 und so weiter. Der Höhepunkt ist die Behauptung, in einer Tabelle mit neun Paaren jeweils unterschiedlicher Zahlen seien keinerlei Abweichungen zu finden.

In [ch 13] geht es ebenfalls um eine Faulhabersche Formel. ChatGPT macht hier zwar keine direkten Umformungsfehler, bringt dafür aber das Kunststück fertig, drei verschiedene Varianten der Formel zu präsentieren, die allesamt falsch sind. Erst danach wird das Wolfram-Plugin konsultiert. Auf der positiven Seite ist zu vermerken, dass das System ein kleines Python-Programm richtig analysiert hat und dass es die (falschen) Formeln zumindest fehlerfrei in Python übersetzt hat.

[ch 14] schließlich zeigt eine eindrucksvolle Kombination der bisher betrachteten Fehlleistungen. Es sollen die Lösungen einer kubischen Gleichung [22, S. 442 ff.] angegeben werden. Da das Wolfram-Plugin zur Verfügung steht, wird es verwendet und liefert die korrekte Antwort nebst Grafik. (Bis zu diesem Punkt hätte man allerdings auch ganz ohne ChatGPT kommen können, weil Wolfram Alpha im Internet frei zugänglich ist.) Bittet man jedoch um eine Darstellung des Lösungswegs, so kann man unter anderem die folgenden Phänomene beobachten:

- ChatGPT kann das Verfahren in Worten beschreiben, es aber im konkreten Fall nicht anwenden.
- Bei simplen Berechnungen wie $(-2)^3 + 15 \cdot 2 - 4$ werden Fehler gemacht; das Plugin wird jedoch nicht verwendet.
- Offensichtlich falsche Ergebnisse werden „passend gemacht", damit sie mit dem ursprünglichen Resultat übereinstimmen. Zum Beispiel, wird behauptet, $1 + 2\sqrt{3}$ und 4 seien identisch.
- Zwischenergebnisse werden „vergessen".
- Beim Versuch, einen vorherigen Fehler zu korrigieren, wird an einer Stelle angesetzt, an der das Kind bereits in den Brunnen gefallen ist.
- Standardformeln werden falsch wiedergegeben.
- Ausdrücke, die bereits in einfacher Form vorliegen, werden unnötigerweise erneut „vereinfacht", wobei sich das System auch noch verrechnet.

Insgesamt endet die „Herleitung" in einem Desaster. ChatGPT kann das zwar schließlich mithilfe des Plug-ins entwirren, macht das aber erst nach einer expliziten Aufforderung.

3.3.5 Erklären von Konzepten

In [ch 15] soll ChatGPT ein Konzept erklären, das erfahrungsgemäß für Lernende häufig problematisch ist: den Unterschied zwischen Element- und Teilmengenrelation [22, Kap. 15]. Die Erklärung enthält zwar einige brauchbare Punkte (die man auch in Lehrbüchern hätte finden können), reproduziert aber gleichzeitig genau die Sorte von Fehlern, um die es geht. In [ch 16] geht es um dasselbe Konzept und dort wird ChatGPT durch geschicktes Fragen sogar dazu gebracht, den „Schüler" für eine falsche Aussage zu loben. Im ersten Fall behauptet das Programm in einem Beispiel, $\{3, 4\}$ sei eine Teilmenge von $\{1, 2, \{3, 4\}\}$, im zweiten lässt es sich davon „überzeugen", dass $\{3\}$ eine Teilmenge von $\{1, 2, \{3\}\}$ ist.

Einen vergleichbaren Fall zeigt [ch 17]. ChatGPT erklärt zunächst korrekt das Transponieren einer Matrix [22, S. 312 f.] und kann das an einem Beispiel vorführen. Auch hier gelingt es dem „Schüler" jedoch, eine falsche Antwort als richtig bestätigt zu bekommen und für diese gelobt zu werden. In [ch 18] wird derselbe Effekt auf eine etwas andere Art erreicht. Bei beiden Dialogen könnte man sagen, dass ChatGPT in gewissem Sinne „den Überblick verloren" hat.[2]

In [ch 19] geht es um sogenannte Mirpzahlen [7]. Das Programm erklärt den Begriff anfangs korrekt, wartet dann aber direkt danach mit drei Beispielen auf, von denen zwei falsch sind: Es behauptet erstens, dass 17 und 71 dieselbe Zahl seien, und zweitens, dass 32 eine Primzahl sei. Anschließend wird die Erweiterung des Konzeptes auf andere Basen als die des Dezimalsystems wieder korrekt erklärt. Als es dann aber darum geht, diese Erklärung im Rahmen eines kleinen Programms umzusetzen, hat ChatGPT enorme Schwierigkeiten. Erst nach vier Versuchen gelingt dies und das Resultat ist dann zwar korrekt, aber sehr umständlich.

In [ch 20] und [ch 21] geht es schließlich um Primzahlzwillinge [22, S. 90]. Wie in den vorherigen Fällen beginnt das Programm mit einer richtigen Erklärung, kann dann aber eine einfache Äquivalenz zur Primzahlzwillingsvermutung nicht oder nur mit Hilfe nachvollziehen. Stattdessen wird in beiden Fällen eine Verbindung zur Goldbachschen Vermutung behauptet, die an den Haaren herbeigezogen ist.

Die Beispiele demonstrieren, dass das System für diverse vergleichsweise einfache mathematische Konzepte zwar gut klingende Erklärungen ausgeben kann, dass diese Erklärungen aber nicht *verstanden* wurden – jedenfalls nicht so, wie man es von einem „personalisierten Tutor" erwarten würde.

3.3.6 Lerntransfer

Das vage Konzept des *Verstehens* lässt sich bis zu einem gewissen Grad dadurch bestätigen, dass „verstandene" Problemlösungen auf neue, vergleichbare Situationen übertragen werden können. Dies wurde anhand verschiedener Fragestellungen im Dialog mit ChatGPT evaluiert.

In [ch 22] wird zunächst geklärt, dass das System über den Großen Fermatschen Satz [17] referieren und ihn anhand eines Beispiels erkennen kann.[3] In [ch 23] wird dann nach den ganzzahligen Lösungen einer konkreten Gleichung gefragt. Hat man die Aussage des besagten Satzes verstanden, dann kann man die Frage sofort beantworten. ChatGPT erkennt das jedoch nicht und schlägt eine völlig falsche Richtung ein. Der Zusammenhang

---

[2] Weitere Belege dafür, dass das Konzept des Transponierens nicht „verstanden" wurde, finden sich in [ch 36] bis [ch 38].

[3] Dass das System im weiteren Verlauf des Chats diverse Fehler macht, ist zwar bezeichnend, für die Frage das Lerntransfers aber nicht direkt relevant.

zum Fermatschen Satz wird erst hergestellt, nachdem explizit nach einem „berühmten Theorem" gefragt wurde.

In [ch 24] wird das Programm mit einem mathematischen Rätsel konfrontiert, das in verschiedenen Varianten unter Namen wie „Ants on a Stick" weit verbreitet ist [20, S. 25]. ChatGPT kann das Rätsel problemlos lösen. In [ch 25] wird die Frage etwas umformuliert: aus Ameisen werden Lokomotiven und aus einem Stab bzw. Ast wird ein Tunnel. Die Frage wird trotzdem korrekt beantwortet.[4] Obwohl nicht mit Sicherheit ausgeschlossen werden kann, dass eine solche Frage im Trainingsmaterial vorkam, so kann man doch vermuten, dass ein Analogieschluss beobachtet werden konnte. Bei einer weiteren Umformulierung derselben Fragestellung in [ch 26] (hier sind es Pixel auf einem Bildschirm statt Lokomotiven) kann das System allerdings keinen Zusammenhang zum „bekannten" Ameisenrätsel herstellen und gibt eine verwirrende und falsche Antwort. In [ch 27] kommen wir schließlich zum Originalrätsel zurück, stellen allerdings eine leicht modifizierte Frage. Das System kann den Zusammenhang zu der von ihm selbst gerade noch referierten einfachen Lösung zunächst nicht erkennen und muss darauf aufmerksam gemacht werden. Dann macht es bei der Anwendung derselben noch mehrere banale Fehler.

In [ch 28] wird eine einfache kombinatorische Frage gestellt, die sich in dieser Form in vielen Lehrbüchern und natürlich auch online finden lässt. ChatGPT hat kein Problem, die Frage korrekt zu beantworten. In [ch 29] wird eine Frage gestellt, die sich mit demselben Prinzip lösen lässt, aber absichtlich so formuliert wurde, dass sie in dieser Form nicht in Lehrbüchern oder online zu finden sein wird. Das System kann das Prinzip nun nicht mehr erkennen, wählt einen falschen Ansatz und kommt mittels konfuser Argumente zu einer Antwort, die sich um diverse Größenordnungen von der richtigen unterscheidet.

Schließlich geht es in den beiden folgenden Dialogen um das sogenannte Schubfachprinzip [1]. In [ch 30] demonstriert ChatGPT, dass ihm dieses bekannt ist (obwohl es zur Erklärung ein didaktisch ungeeignetes Beispiel wählt). In [ch 31] wird dann eine Frage gestellt, in der sich das Schubfachprinzip anwenden lässt. Das System erwähnt das Prinzip zwar anfangs, verwendet es dann jedoch nicht. Dazu kommt es erst nach einem entsprechenden Hinweis, allerdings nur fehlerhaft. Am Ende lässt sich das Programm von einer Antwort „überzeugen", von der es selbst vorher bereits begründet hatte, dass sie falsch ist.

3.3.7 Muster erkennen

Eine weitere mathematische Grundfertigkeit unabhängig von Arithmetik und algebraischen Umformungen ist das Erkennen von Mustern. Zum Analysieren der Fähigkeiten in diesem Bereich wurde ChatGPT mit diversen kleinen Aufgaben konfrontiert, die auf der Grundidee des *Abstraction and Reasoning Corpus* [5] beruhen, im Vergleich zu diesem

---

[4] Im weiteren Verlauf macht ChatGPT allerdings Fehler, weil der Tunnel eine andere Länge als der Ast in der Originalfrage hat. Es kommt wieder zu Problemen mit simpelster Schularithmetik.

aber stark vereinfacht wurden. Vorab ist zu bemerken, dass es bei Aufgaben dieser Art nie die *eine* richtige Antwort gibt, sondern theoretisch unendlich viele korrekt sein könnten [11, S. 89 ff.]. Es geht daher im Folgenden auch nicht in erster Linie darum, welche Antwort das System liefert, sondern wie es zu dieser Antwort kommt und wie es argumentiert.

Die Ergebnisse findet man in [ch 32] bis [ch 38]. Das Material ist zu umfangreich, um es hier im Detail zu besprechen. Es lassen sich jedoch die folgenden Beobachtungen herausarbeiten:

- ChatGPT hat nur in zwei Fällen eine zufriedenstellende Lösung gefunden. Allerdings war dafür jeweils die Hilfe des Fragestellers nötig.
- Die „Hypothesen", die das System aufstellt, haben in der Regel wenig oder gar nichts mit den zur Verfügung gestellten Daten zu tun. Sie sind im gewissen Sinne „aus der Luft gegriffen". Eine Systematik ist jedenfalls nicht erkennbar und vom System selbst entwickelte „Pläne" werden nicht abgearbeitet.
- Zudem werden offensichtliche Abweichungen zwischen den Vorgaben und der vermeintlichen Lösung oft einfach ignoriert. Wie schon bei den algebraischen Umformungen wird „passend gemacht", was nicht passt.
- Letzteres passiert selbst dann, wenn das System ausdrücklich dazu aufgefordert wird, seine Hypothesen zu überprüfen. In einer „Selbstreflexion" in [ch 37] behauptet ChatGPT zwar, dass es in der Lage sein sollte, kurze Sequenzen von Zahlen oder Symbolen zu vergleichen; die Dialoge zeigen jedoch, dass dem nicht so ist.

3.3.8 Logisches Denken oder stochastische Texterzeugung?

Die restlichen Chats zeigen keine grundsätzlich neuen Probleme mehr auf, die oben nicht bereits behandelt wurden. Sie machen aber noch einmal deutlich, dass die Ausgaben von ChatGPT trotz des äußeren Anscheins nicht auf logischen Schlussfolgerungen beruhen. Es werden im Folgenden lediglich noch einige wesentliche Elemente hervorgehoben:

- In [ch 39] kann man Schwierigkeiten in der Kommunikation mit dem Wolfram-Plugin beobachten. Das Plugin kann sowohl über eine rudimentäre Schnittstelle für natürliche Sprache als auch über die Programmiersprache von Mathematica angesprochen werden. ChatGPT wiederholt dabei in diesem Dialog mehrfach dieselben syntaktischen Fehler. Bemerkenswert ist auch, dass das System fast wie ein Mantra immer wieder denselben „Gedanken" abspult, um schließlich die bereits als falsch zurückgewiesene Antwort erneut zu präsentieren.
- In [ch 40] wird nach einer falschen Herleitung mal wieder etwas „passend gemacht", indem dreist behauptet wird, $2 - \pi/2$ und $\pi/2 - 2$ seien identisch. Nachdem das System zunächst zugibt, dass das nicht stimmt, wird dieselbe Behauptung direkt danach erneut wiederholt.

- In [ch 41] wird es beim Lösen einer Textaufgabe einerseits als „nicht plausibel" zurückgewiesen, dass jemand 87 Jahre alt ist, andererseits hat ChatGPT kein Problem damit, dass diese Person doppelt so alt wie ihre Mutter ist.
- Dieselbe Frage wird in [ch 42] mithilfe des Wolfram-Plugins gelöst; allerdings erst nach einem Fehlversuch und nur „mit Glück", weil der Mathematica-Code, den ChatGPT verfasst hat, nicht korrekt ist.
- In [ch 43] ruiniert das System einen eigentlich guten Ansatz durch einen einfachen Fehler. Das ist an sich nicht so erstaunlich. Beachtenswert ist eher das bereits öfter gesehene Muster, dass bei der „Korrektur" von Fehlern nahezu dieselben „Denkprozesse" erneut durchlaufen werden. Etwas flapsig formuliert könnte man vermuten, dass ChatGPT nur beim „Sprechen" „denken" kann.

3.4 Fazit

In der aktuellen Form eignet sich ChatGPT definitiv nicht als verlässlicher „Tutor" für Mathematik; nicht einmal für einfachen Schulstoff. Das System ist trotz der Unterstützung durch das Wolfram-Plugin anfällig für grobe Fehler der einfachsten Art und kann diese weder erkennen noch korrigieren. Für die Mathematik grundlegende Fertigkeiten wie die kritische Evaluation der eigenen Ergebnisse oder das Überprüfen von Hypothesen sind nicht oder nur rudimentär vorhanden. Wenn es „passt" oder „gut klingt", werden Ergebnisse oder Zusammenhänge einfach erfunden.

Dass das Programm trotzdem bei Prüfungen zufriedenstellende Ergebnisse erzielen kann, ist kein Widerspruch. Es kann sich auf umfangreiches Trainingsmaterial stützen und die große Mehrheit der in Klausuren gestellten Aufgaben werden in der einen oder anderen Form dort vorgekommen sein [3].

Es sieht so aus, als könne man die manchmal geäußerte These, Sprachmodelle seien lediglich „stochastische Papageien", nicht ganz von der Hand weisen, wenn es um mathematische Fähigkeiten geht. Ob Ansätze wie [10] und [27] zu substantiellen Verbesserungen führen und ob sie von den Firmen, die hinter den großen Sprachmodellen stehen, aufgegriffen werden, wird man sehen müssen. Es sei an dieser Stelle die Prognose gewagt, dass auch die nächsten Versionen von ChatGPT oder Bard keine signifikant besseren Mathematiker sein werden, solange sie auf derselben Architektur basieren.

Literatur

1. Beutelspacher, A., & Zschiegner, M. A. (2014). *Diskrete Mathematik für Einsteiger* (5. Aufl.). Springer Spektrum.
2. Brown, T., et al. (2020). Language models are few-shot learners. https://arxiv.org/abs/2005.14165
3. Carlini, N. (2022). Quantifying memorization across neural language models. https://arxiv.org/abs/2202.07646

4. Chen, L., Zaharia, M., & Zou, J. (2023). How is ChatGPT's behaviour changing over time? https://arxiv.org/abs/2307.09009
5. Chollet, F. (2019). On the measure of intelligence. https://arxiv.org/abs/1911.01547
6. Frieder, S., et al. (2023). Mathematical capabilities of ChatGPT. https://arxiv.org/abs/2301.13867
7. Gardner, M. (1985). *The magic numbers of Dr. Matrix*. Prometheus Books.
8. Hendrycks, D., et al. (2021). Measuring mathematical problem solving with the MATH dataset. https://arxiv.org/abs/2103.03874
9. Khan, S. (2023). *Sal Khan's 2023 TED Talk: AI in the classroom can transform education*. Khan Academy. https://blog.khanacademy.org/sal-khans-2023-ted-talk-ai-in-the-classroom-can-transform-education/. Zugegriffen am 27.08.2023
10. Lewkowycz, A., et al. (2022). Solving quantitative reasoning problems with language models. https://arxiv.org/abs/2206.14858
11. Linderholm, C. E. (1971). *Mathematics made difficult*. Wolfe Publishing.
12. Loviscach, J. (2023). GPT-4 und meine Mathe-2-Klausur. https://j3l7h.de/blog/2023-07-15_17_37_GPT-4%20und%20meine%20Mathe-2-Klausur. Zugegriffen am 27.08.2023.
13. Nadella, S. (2023). Microsoft's products will soon access open AI tools like ChatGPT. *Wall Street Journal*. https://www.youtube.com/watch?v=UNbyT7wPwk4. Zugegriffen am 27.08.2023.
14. Neunhäuserer, J. (2015). *Schöne Sätze der Mathematik*. Springer Spektrum.
15. Schiffer, C., & Gawlik, P. (2023). ChatGPT: So gut hat die KI das bayerische Abitur bestanden, Bayerischer Rundfunk. https://www.br.de/nachrichten/netzwelt/chatgpt-ki-besteht-bayerisches-abitur-mit-bravour,TfB3QBw. Zugegriffen am 27.08.2023.
16. Silver, D., et al. (2016). Mastering the game of Go with deep neural networks and tree search. *Nature, 550*, 354–359. https://doi.org/10.1038/nature24270
17. Singh, S. (1997). *Fermat's last theorem*. Fourth Estate.
18. Turing, A. M. (1950). Computing machinery and intelligence. *Mind LIX, 236*, 433–460. https://doi.org/10.1093/mind/LIX.236.433
19. Vaughan-Nichols, S. J. (2023). ChatGPT, how did you get here? It was a long journey through open source AI. *The Register*. https://www.theregister.com/2023/03/24/column/. Zugegriffen am 27.08.2023
20. Velleman, D. J. (2020). *Bicycle or unicycle?* American Mathematical Society.
21. Wei, J., et al. (2023). Emergent abilities of large language models. https://arxiv.org/abs/2206.07682
22. Weitz, E. (2021). *Konkrete Mathematik (nicht nur) für Informatiker* (2. Aufl.). Springer.
23. Weitz, E. (2023). ChatGPT und die Mathematik. https://www.youtube.com/watch?v=medmEMktMlQ. Zugegriffen am 27.08.2023.
24. Weitz, E. (2023). ChatGPT und die Logik. https://www.youtube.com/watch?v=5cYYeuwYF_0. Zugegriffen am 27.08.2023.
25. Wolfram, S. (2003). *The Mathematica book* (5. Aufl.). Wolfram Media.
26. Wolfram, S. (2023). ChatGPT gets its "Wolfram Superpowers"! https://writings.stephenwolfram.com/2023/03/chatgpt-gets-its-wolfram-superpowers/. Zugegriffen am 27.08.2023.
27. Wu, Y., et al. (2022). Autoformalization with large language models. https://arxiv.org/abs/2205.12615
28. Zhong, W., et al. (2023). AGIEval: A human-centric benchmark for evaluating foundation models. https://arxiv.org/abs/2304.06364

Ein Vergleich von Wirtschaftsinformatik-Lehrmaterialien mit generierten Erklärungstexten

Clemens Treuling, Philipp M. Zähl, Christian Czarnecki und Martin R. Wolf

4.1 Einleitung

„Die Darlegung einer Erklärung [erfordert] ein angemessenes Verständnis des Erklärungsgegenstandes sowie ein gewisses Verständnis von sich selbst als Erklärer und von den kognitiven Werten der Personen oder der Gemeinschaft, denen man eine Erklärung anbietet" [1]. Die an Hochschulen angebotenen Lehrveranstaltungen (z. B. Vorlesung, Praktikum) können insofern nur ein Baustein im gesamten Lernprozess sein. Ein nicht unerheblicher Anteil ist das eigenständige Selbststudium, für das häufig beispielsweise Lehrbücher und Skripte empfohlen werden. Auch wenn die eigenständige Lektüre und Erarbeitung von Themen als grundsätzliches Lernziel eines Studiums angesehen werden kann, ist der Wunsch nach möglichst effizienten Lernmethoden durchaus nachvollziehbar.

Mit der Veröffentlichung und damit dem breiten Zugang zu generativen künstlichen Intelligenzen (KI), wie z. B. ChatGPT [2] oder Google Bard [3], ist die Frage naheliegend, ob diese Tools den Lernprozess vereinfachen können. Wäre es beispielsweise möglich, mit ChatGPT das manuelle Suchen nach Fachwissen sowie das Lesen von Lehrbüchern oder längeren Fachtexten einzusparen? Die Formulierung einer kurzen Problembeschreibung oder Frage könnte ausreichen, um sich die benötigte Erklärung generieren zu lassen. Somit wäre auch die Erstellung personalisierter Lernmaterialien ohne viel Aufwand denkbar [4].

Inwiefern ChatGPT bei der Beantwortung von Prüfungsleistungen genutzt werden kann, wurde bereits ausführlich untersucht, z. B. [5–7], und auch in Bezug auf die Ergeb-

---

C. Treuling (✉) · P. M. Zähl · C. Czarnecki · M. R. Wolf
FH Aachen, Aachen, Deutschland
E-Mail: treuling@fh-aachen.de; zaehl@fh-aachen.de; czarnecki@fh-aachen.de; m.wolf@fh-aachen.de

© Der/die Autor(en), exklusiv lizenziert an Springer Fachmedien Wiesbaden GmbH, ein Teil von Springer Nature 2025
T. Barton, C. Müller (Hrsg.), *Generative KI im Kontext der Wirtschaftsinformatik*, Angewandte Wirtschaftsinformatik, https://doi.org/10.1007/978-3-658-47311-2_4

nisqualität diskutiert, z. B. [8–10]. Während die Nutzung von ChatGPT während einer Prüfung offensichtlich nicht erwünscht ist, nimmt die vorliegende Arbeit die Perspektive einer gewünschten und auch erlaubten Nutzung während des Lernprozesses durch die Studierenden ein. Die Frage ist also: Können Studierende mit ChatGPT lernen?

Diese Frage wird mit folgendem Vorgehen untersucht: Es werden für beispielhafte Themen des Bachelorstudiengangs Wirtschaftsinformatik Antworten mit ChatGPT erzeugt, die als Datengrundlage dienen. Für diese Antworten wird bewertet, ob sie sich zur Unterstützung des Lernprozesses eignen. Als Vergleichsreferenz dienen konventionelle Lehrmaterialien (Folien und Lehrbücher).

Die vorliegende Arbeit gliedert sich wie folgt: Zunächst wird in Kap. 2 der gewählte methodische Ansatz zur Überprüfung der genannten Hypothese vorgestellt. Die erzielten Ergebnisse werden in Kap. 3 dargestellt und anschließend in Kap. 4 (Diskussion) interpretiert und eingeordnet. Im letzten Kapitel wird diese Arbeit noch einmal kurz zusammengefasst. Das vorliegende Kapitel wurde im Jahr 2023 geschrieben und zur Publikation eingereicht. Insofern basieren die Ergebnisse auf dem technischen Stand von 2023. Seit der Datenerhebung im April 2023 haben sich KI-gestützte Sprachmodelle wie ChatGPT und vergleichbare Systeme erheblich weiterentwickelt. Zu diesem Zeitpunkt standen zwei Versionen von ChatGPT zur Verfügung: die kostenlose, öffentlich zugängliche Variante basierend auf GPT-3.5, sowie die leistungsfähigere GPT-4, die nur im Rahmen des kostenpflichtigen ChatGPT-Plus-Abonnements nutzbar war. Für die im Beitrag vorgestellten Analysen und Bewertungen wurde ausschließlich die frei verfügbare GPT-3.5-Version genutzt. Die Ergebnisse spiegeln daher den damaligen Entwicklungsstand wider und sollten unter Berücksichtigung der seither erzielten Fortschritte bei Sprachmodellen betrachtet werden.

4.2 Grundlagen

4.2.1 ChatGPT

ChatGPT, der womöglich bekannteste Vertreter generativer künstlicher Intelligenzen, ist seit der Veröffentlichung der Version 3 in 2020 auf starkes Forschungsinteresse gestoßen – die Anzahl von Einreichungen und Publikationen wächst exponentiell [4, 8]. Die meiste bisherige Forschung fand dabei im Bereich „Computation and Language" statt [8]. Daneben existieren viele weitere Use-Cases, wovon einige lediglich experimenteller oder theoretischer Natur sind [9]. Durch seine Fähigkeit, diverse Prüfungs- und Examensaufgaben zu lösen, sorgt ChatGPT regelmäßig für Aufsehen, nicht nur in akademischen Kreisen, sondern darüber hinaus. In einem jüngsten Beispiel erprobte die juristische Fakultät der *University of Minnesota Law* ihre Examina in den Bereichen Verfassungsrecht, Föderalismus, Leistungen an Arbeitnehmer, Steuern, Gewaltenteilung und Strafrecht. Hierfür wurden durch die KI 95 Multiple-Choice-Fragen und 12 Aufsatzfragen gelöst und nach üblichem Bewertungsschema unter den Antworten dutzender Studierender ausgewertet. In diesem Versuch bestand ChatGPT alle Prüfungen auf einem Niveau der Note „C" (mittelmäßig/befriedigend). Obwohl diese Bewertung nicht sonderlich hoch ist, so wäre die Leistung für das Bestehen einer Hochschulprüfung ausreichend gewesen [5]. In einer weiteren Untersuchung ließen Forscher an der medizinischen Fakultät der Universität Yale Fragen aus der Zulassungsprüfung Teil 1 und Teil 2 für Mediziner durch ChatGPT beantworten. Auch in diesem Versuch konnte ChatGPT die Kenntnisse nachweisen, die von einem Studierenden im dritten Semester erwartet werden können und bestand auch diese Prüfung mit einem ausreichenden Ergebnis [6]. So beeindruckend sich dies lesen mag, so sehr müssen die Ergebnisse in ihrem Kontext betrachtet werden. In beiden Versuchen konnte deutlich herausgestellt werden, dass Antworten der KI mit steigendem Schwierigkeitsgrad an Qualität verlieren [5, 6]. Dass die Qualität der Ergebnisse in einem Zusammenhang mit der jeweiligen Prüfungsform stehen könnte, lässt sich zumindest vermuten. Als Beispiel stellt das Schreiben von Rechtsgutachten, wie es traditionell an vielen Hochschulen in Deutschland praktiziert wird, die KI vor andere Herausforderungen als die Beantwortung von Single- oder Multiple-Choice Fragen an einigen internationalen Universitäten (vgl. [7]).

Am Beispiel des Versuches an der Universität Minnesota lässt sich feststellen, dass ChatGPT zwar ein gutes Grundverständnis für die Gesetzeslage vorweist; bei dem Erkennen konkreter rechtlicher Probleme hatte ChatGPT dagegen deutliche Schwierigkeiten. ChatGPT konnte alle relevanten Gesetze, entsprechenden Urteile und Fälle ausreichend gut zusammenfassen, im Vergleich zu den Antworten der Jura-Studierenden waren diese Antworten zumeist aber sehr oberflächlich. Vor diesem Hintergrund ist es nicht verwunderlich, dass ChatGPT Schwierigkeiten hatte, sich auf das Wesentliche zu konzentrieren. Innerhalb der einzelnen Teilfragen schweiften die Antworten von ChatGPT nach anfänglich sehr brauchbaren Antworten nicht selten völlig ab und beantworteten die nachfolgenden Fragen gar nicht mehr. Dies führte im dargestellten Versuch sogar dazu, dass ChatGPT mit seinen Antworten über die im Rahmen des Kurses vermittelten Inhalte hinausging [5].

Der Versuch der medizinischen Fakultät Yale bestätigt dies und stellt zudem fest, wie wichtig es zukünftig sein wird, dass ChatGPT den Kontext der Fragen zu verstehen lernt. Auch in dieser Versuchsreihe konnte die KI mit Antworten auf allgemeine Fragen punkten; je spezifischer die Fragen auf einen konkreten Fall ausgerichtet waren, desto geringer war wiederum die Qualität der Antworten. In den Multiple-Choice-Fragestellungen konnte ChatGPT die Antworten immer mit einer logischen Erklärung begründen, selbst wenn sich die Antwort im Nachhinein als falsch darstellen sollte. In 90 % enthielt die Begründung von ChatGPT Informationen aus dem Fragenstamm. Im Gegensatz dazu wurden bei den richtigen Antworten signifikant häufiger keine Informationen aus dem Fragenstamm verwendet. Nach den Ergebnissen der Umfrage könnte dies darauf hindeuten, dass die Fähigkeit des Modells, eine Frage richtig zu beantworten, davon abhängt, wie gut es in der Lage ist, die Frage mit den Daten in seinem Instrumentarium zu verknüpfen [6].

Insgesamt sind ChatGPT und dessen Ergebnisse weiterhin viel diskutiert. Einerseits werden die vielen Möglichkeiten betont und durch neue Erkenntnisse fundamentiert. Dem gegenüber stehen gleichzeitig die Bedenken, wohin in breiter Masse eingesetzte generative künstliche Intelligenzen Forschung und Gesellschaft führen können [11]. Hinzu kommen verschiedene Probleme, die insbesondere den Einsatz in der Lehre erschweren. Beispielsweise kann das in ChatGPT gespeicherte Wissen teilweise veraltet sein, da das Sprachmodell beim derzeitigen Entwicklungsstand nur sukzessive aktualisiert wird. Auch kann das gespeicherte Wissen voreingenommen/diskriminierend sein oder aufgrund eines fehlenden Verständnisses falsche Informationen erzeugen [8–10].

4.2.2 Lernen & Bloom'sche Taxonomie

Von zentraler Bedeutung für die anschließende Diskussion ist ein grundlegendes Verständnis dafür, wie Menschen lernen. Aus dem generationsübergreifenden Verständnis, dass Menschen kontinuierlich lernen, kann eine zentrale Fragestellung abgeleitet werden: „Wie lernen Menschen (effektiv)?" Hierbei spielen die Mechanismen und Strukturen innerhalb des menschlichen Gehirns, aber ebenso insbesondere die Taxonomie-Stufen nach Bloom, eine entscheidende Rolle. Sie geben uns nicht nur Einblicke in menschliche Lernprozesse, sondern dienen als Maßstab, um die Wirksamkeit von künstlicher Intelligenz, wie ChatGPT, innerhalb der Wissensvermittlung zu bewerten.

In der wissenschaftlichen Literatur wird als Einstieg in das Thema „Lernen" gerne auf Erkenntnisse der Gehirnforschung verwiesen. Auf Grundlage dessen, was über das menschliche Gehirn bekannt und erforscht ist, basiert „Lernen" auf Gehirnaktivitäten, die zu Vernetzungen von Synapsen innerhalb des Gehirns führen. Vereinfacht: Während des Lernens entstehen diverse Verbindungen innerhalb des Gehirns. Stark genutzte Verbindungen verbleiben langfristig im Gehirn, während Verbindungen, die weniger oft angeregt werden, mit der Zeit wieder verschwinden. Hieraus ergibt sich, dass der Mensch als Säugling oder Kind viele Dinge erlernt, diese bis zum Erwachsenenalter aber wieder vergessen wird. Je häufiger der Mensch von bestimmten Verbindungen Gebrauch macht, desto stärker sind diese und desto besser verbleibt die Information im Gehirn. Entscheidend für die Bildung von starken neuronalen Systemen ist der Umstand, bei dem die neuronalen Verbindungen entstehen bzw. genutzt werden. Für normale Denkprozesse verwendet das Gehirn bestehende Verbindungen. Neue Verknüpfungen aber bilden sich am effizientesten, wenn Emotionen wie Begeisterung entstehen. Begeisterung regt die Gehirnaktivität an und ist entscheidend für die Entstehung neuer neuronaler Verbindungen. Ein Beispiel: Viele Menschen können sich Informationen aus ihren Lieblingsserien deutlich besser merken als Informationen aus einem Lehrbuch [12].

Emotionen wecken im Gehirn einen sogenannten „Pop-Out"-Effekt, der wichtige Informationen verstärkend herausstellt, die Datenextraktion erleichtert und einen Verbleib im Langzeitgedächtnis wahrscheinlicher werden lässt [13]. Daraus kann geschlossen wer-

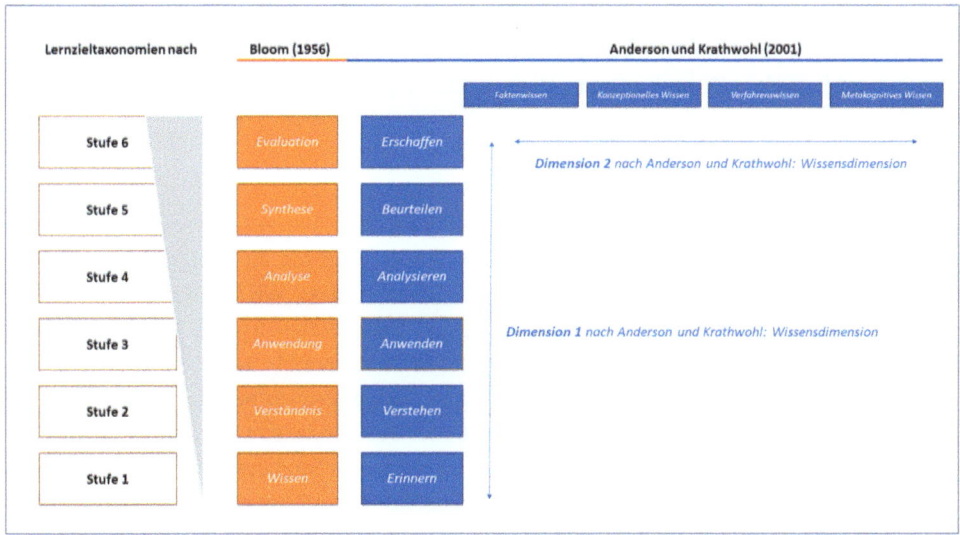

Abb. 4.1 Lerntaxonomie

den: Je ansprechender das Lernmaterial gestaltet ist, desto einfacher haben es Lernende, Informationen innerhalb des Lernprozesses zu behalten. Der Lerngewinn von Lernenden wird jedoch weniger durch den Grad der Begeisterung während des Lernprozesses beziffert als vielmehr durch die Anwendung von Lernzielen, wie sie beispielsweise in der Lernzieltaxonomie nach Bloom formuliert sind. Bloom unterscheidet pädagogische Aktivitäten in drei grundlegende Domänen: affektiv, psychomotorisch und kognitiv. Die affektive Domäne bezieht sich dabei auf die Einstellungen eines Menschen, während die psychomotorische Domäne sich auf manuelle oder körperliche Fähigkeiten beschränkt. Die kognitive Domäne hingegen fokussiert sich auf intellektuelle Fähigkeiten und Wissen. Die nachfolgende Grafik beinhaltet die sechs verschiedenen Stufen zur Klassifizierung von Lernzielen nach Bloom. Gegenübergestellt ist eine aktualisierte Fassung von Anderson und Krathwohl aus dem Jahre 2021, welche die bloomsche Einordnung aufgreift und um eine zweite Dimension erweitert. Wenngleich die Lernzieltaxonomie nach Bloom immer wieder erweitert und verändert wurde, dient sie doch immer wieder als Grundlage für viele weitergehende Lernzieltaxonomien [14] (Abb. 4.1).

An dieser Stelle gilt es demnach zu unterscheiden, auf welcher der Lernzieltaxonomiestufen eine künstliche Intelligenz wie ChatGPT ein effizientes Lernen ermöglichen kann. Jede der Taxonomiestufen allein birgt in sich eigene Herausforderungen und weckt unterschiedliche Bedürfnisse des Lernenden an die einzusetzenden Lernmaterialien. Die zusätzliche Betrachtung einer zweiten Dimension, welche zwischen Faktenwissen, konzeptionellem Wissen, Verfahrenswissen und metakognitivem Wissen innerhalb einer einzigen Taxonomiestufe unterscheidet, wirkt dagegen nochmal deutlich komplexer.

Um mit der klassischen Lehre langfristig konkurrieren zu können, muss ChatGPT deswegen auf allen Taxonomiestufen gleichbleibende Qualität anbieten können und zudem die unterschiedlichen Wissensdimensionen einbeziehen können.

4.2.3 Projekt WiLMo

Als Vergleichsobjekt für konventionelle Lehrmaterialien dienen die Foliensätze des OER-Content.nrw-geförderten WiLMo-Projekts [15]. Das Projekt WiLMo (Wirtschaftsinformatik Lehr- und Lernmodule) verfolgt das Ziel, einheitliche digitale Lehr- und Lernmaterialien für WI-Studiengänge bzw. WI-Studienschwerpunkte an Hochschulen zu entwickeln. Diese Lehrmaterialien sollen zunächst an den am Projekt beteiligten Hochschulen des Landes Nordrhein-Westfalen und später bundesweit eingesetzt werden. Auf der Basis eines durchgängigen didaktischen Konzepts werden den Studierenden Lernmaterialien zur Verfügung gestellt, die eine sehr hohe didaktische Qualität aufweisen, hochschulübergreifend abgestimmt und frei zugänglich sind. Damit wird ein von der Präsenzlehre unabhängiges, berufsqualifizierendes Lernen gefördert. Durch die gezielte hochschulübergreifende Zusammenarbeit eines Großteils der nordrhein-westfälischen WI-Community wird die Grundlage für die Durchgängigkeit des didaktischen Konzepts gelegt.

4.3 Methodik

Um die genannte Hypothese zu überprüfen, werden zunächst die Kernthemen der Wirtschaftsinformatik definiert. Hierfür wird das Curriculum des WiLMo Projekts verwendet. Diese Gesamtmenge der Kernthemen wird exemplarisch auf drei zufällig ausgewählte Themen reduziert.

Kernthemen der Wirtschaftsinformatik gemäß WiLMo-Curriculum:

1. Grundlagen der Wirtschaftsinformatik
2. Informations- und Prozessmanagement
3. Entwicklung von Informationssystemen & Software-Engineering
4. Grundlagen betrieblicher Anwendungssysteme
5. Auswahl & Einführung von betrieblichen Anwendungssystemen
6. ERP-Systeme (Architektur, Entwicklung, Betrieb)
7. Business Intelligence & Analytics

Die drei Themen (1) Grundlagen der Wirtschaftsinformatik, (2) Auswahl & Einführung von betrieblichen Anwendungssystemen und (3) ERP-Systeme wurden für das Experiment ausgewählt.

Aus den genannten Themenbereichen wurden in den Lern- und Lehrmaterialien geeignete Inhalte gesucht, die sich Studierende im Rahmen des Lernprozesses am wahrscheinlichsten erläutern lassen würden. Dabei handelte es sich meist um Definitionen,

Modelle, Konzepte oder andere Inhalte. Anschließend wurden Formulierungsschablonen entworfen, nach denen die späteren ChatGPT-Eingaben vereinheitlicht werden. In der Schablone wird zunächst ein inhaltlicher Kontext gegeben. Ein Kontext kann ChatGPT dabei helfen, das Thema besser einzuordnen und so fundiertere Antworten geben zu können [4]. In diesem Fall wird der Leser als Studierender der Wirtschaftsinformatik vorgestellt, um eine zielgerichtete Erklärung zu gewährleisten: „Ich studiere Wirtschaftsinformatik an der Fachhochschule Aachen." (nachfolgend abgekürzt als [KONTEXT]). Zudem wurden die erwartbaren Antworten aus den Lern- und Lehrmaterialien für einen späteren Vergleich erfasst.

Anschließend folgt eine alltägliche Frage, in der um Erläuterung des jeweiligen Themas gebeten wird. Diese Schablonen sehen wie folgt aus:

1. [KONTEXT] Beschreibe mir ...
2. [KONTEXT] Nenne mir Beispiele für ...
3. [KONTEXT] Definiere ...
4. [KONTEXT] Erläutere mir ...

Durch die Gegenüberstellung der Schablonen und Themen resultieren mögliche, zu prüfende ChatGPT-Eingaben (Tab. 4.1).

Eine mögliche Eingabe (S1-T2) würde somit „Ich studiere Wirtschaftsinformatik an der Fachhochschule Aachen. Beschreibe mir die Funktion von Anwendungssystemen." lauten.

Diese Eingaben wurden jeweils in einem eigenen Chatfenster geöffnet, um so von den vorherigen Eingaben unabhängige Ergebnisse zu erhalten. Auf eine Verwendung des „Regenerate"-Buttons, der eine gestellte Frage erneut, aber diesmal anders beantwortet, wurde verzichtet. Es wird angenommen, dass die erste gegebene Antwort am wahrscheinlichsten zutreffend und somit für den Test am repräsentativsten ist. Für die eingangs genannte Frage wurde die folgende Antwort erhalten [2]:

Tab. 4.1 Gegenüberstellung von Schablonen und Themen

Schablone (S)	Thema (T)		
	1	2	3
1: Beschreibe mir ...	... die historische Entwicklung der Wirtschaftsinformatik	... die Funktion von Anwendungssystemen	... die Funktion von ERP-Systemen
2: Nenne mir Beispiele für ...	... die Gestaltungsbereiche der Wirtschaftsinformatik	... Arten betrieblicher Anwendungssysteme	... die Anwendung von ERP-Systemen
3: Definiere ...	... Wirtschaftsinformatik	... Systemsoftware	... ERP-Systeme
4: Erläutere mir ...	... benötigte Fähigkeiten für Personal im Bereich Data Analytics	... prozessorientierte Anwendungssoftware	... wie Geschäftsprozesse angepasst werden können

„Anwendungssysteme (auch als Applikationssysteme bezeichnet) spielen in der Wirtschaftsinformatik eine zentrale Rolle. Diese Systeme unterstützen Unternehmen und Organisationen bei ihren Geschäftsprozessen und helfen, Informationen zu verarbeiten, zu speichern und zu kommunizieren. Hier eine detailliertere Beschreibung der Funktion von Anwendungssystemen:

1. Informationsverarbeitung: Anwendungssysteme verarbeiten Rohdaten zu nützlichen Informationen, die von Entscheidungsträgern in Unternehmen genutzt werden können. Beispiele hierfür sind ERP-Systeme (Enterprise Ressource Planning), die Daten aus verschiedenen Geschäftsbereichen integrieren und verarbeiten.
2. Unterstützung von Geschäftsprozessen: Anwendungssysteme unterstützen und automatisieren Geschäftsprozesse, um Effizienz zu steigern und Fehler zu reduzieren. Beispielsweise kann ein Bestellsystem den Prozess von der Kundenbestellung bis zur Auslieferung des Produkts automatisieren.
3. Speicherung von Informationen: Anwendungssysteme bieten Datenbanksysteme, um große Mengen von Informationen sicher und effizient zu speichern. Diese Informationen können jederzeit abgerufen und analysiert werden.
4. Kommunikation: Viele Anwendungssysteme unterstützen die Kommunikation innerhalb eines Unternehmens und mit externen Partnern. Dies kann durch E-Mail-Systeme, Kollaborationsplattformen oder Kundenbeziehungsmanagement-Systeme (CRM) geschehen.
5. Schnittstellenbereitstellung: Moderne Anwendungssysteme bieten oft Schnittstellen (APIs), um sich mit anderen Systemen zu verbinden und den Datenaustausch zu ermöglichen. Dies fördert die Integration von Systemen und die Automatisierung von Prozessen.
6. Sicherheit: Anwendungssysteme haben Mechanismen, um Daten sicher zu speichern und vor unbefugtem Zugriff zu schützen. Dies beinhaltet Authentifizierungsverfahren, Verschlüsselung und Backup-Möglichkeiten.
7. Berichterstattung und Analyse: Viele Anwendungssysteme bieten Funktionen für Reporting und Analyse. Dadurch können Entscheidungsträger Trends erkennen, Prognosen erstellen und strategische Entscheidungen treffen.

In der Wirtschaftsinformatik wird oft darauf hingewiesen, wie wichtig es ist, Anwendungssysteme richtig zu implementieren und zu verwalten, damit sie den größtmöglichen Nutzen für ein Unternehmen bieten. Das Studium von Anwendungssystemen beinhaltet daher oft auch Aspekte des Projektmanagements, der Systemanalyse und -design sowie der Wartung und Weiterentwicklung von Systemen." (Chat GPT Version 3.5, April 2023)

Die übrigen Frage-Antwort-Tupel sind im Kapitel „Ergänzende Materialien" verlinkt.

Die resultierenden Antworten werden durch das Autorenteam mit den jeweiligen Vorlesungsfolien des WiLMo-Projekts verglichen (Beispiel siehe Abb. 4.2). Hierbei sind die folgenden Kriterien maßgeblich:

1. Vollständigkeit: Wurden alle üblichen Begriffe eingeführt?
2. Struktureller Aufbau: Werden die gleichen Themen und ggf. auch in gleicher Reihenfolge vorgestellt?
3. Korrektheit: Sind offensichtliche Fehler in den Erklärungen?
4. Relevanz: Wie zutreffend waren die gegebenen Erklärungen?

Da die Antwort von ChatGPT in einigen Fällen deutlich über die gestellte Frage hinausgeht, werden zur inhaltlichen Bewertung der Korrektheit zusätzlich anerkannte Lehrbücher der WI verwendet [17, 18]. Es findet ausschließlich eine einseitige Bewertung der Kriterien in Bezug auf die Antworten von ChatGPT statt.

Die methodische Vorgehensweise ist nochmal in Abb. 4.3 dargestellt.

Betriebliche Anwendungssysteme

Ein betriebliches Anwendungssystem ist ein technisches System. Es besteht aus Software, Hardware, Daten und einer Vielzahl von Konfigurationen und Einstellungen.

Betriebliche Anwendungssysteme unterstützen und automatisieren Teile des betrieblichen Informationssystems, also die Erfassung, Speicherung, Verarbeitung, Auswertung und den Austausch von Daten im Rahmen von Geschäftsprozessen und die Erfüllung von Arbeitsaufgaben, die Zusammenarbeit und die Kommunikation. (→ WILMO Themengebiet „Grundlagen betrieblicher Anwendungssysteme", Lektion 1).

Text-zu-Sprache.de (kostenlos Erika)   7

Abb. 4.2 Vorlesungsfolien des WiLMo-Projekts – Folie für S1T2

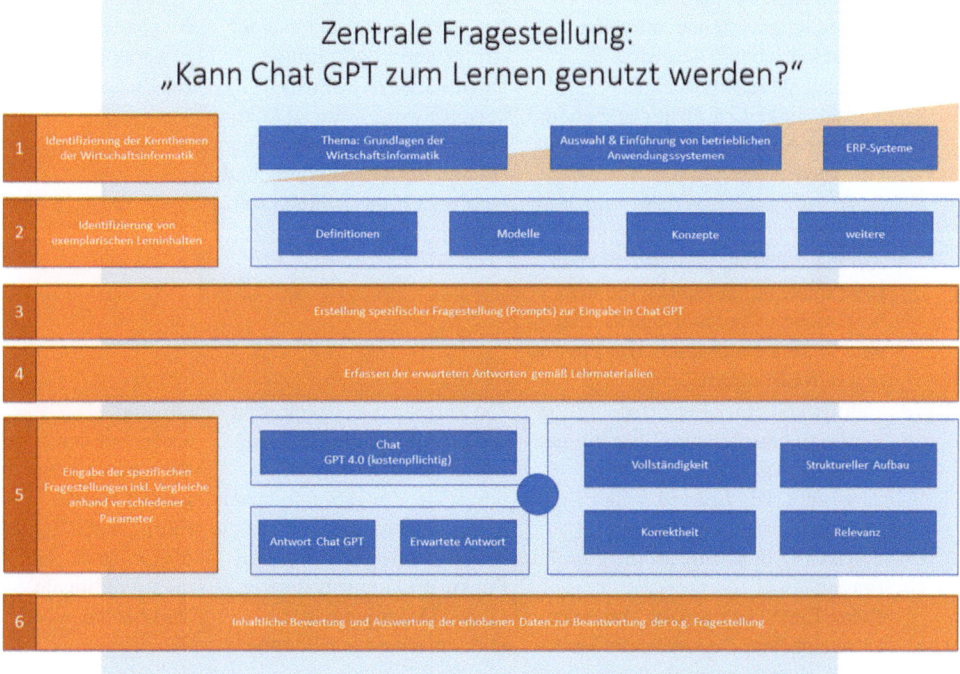

Abb. 4.3 Methodisches Vorgehen Diagramm

4.4 Ergebnisse

Die nachfolgende Tabelle Tab. 4.2 fasst die Ergebnisse der Auswertung zusammen:

Tab. 4.2 Die Ergebnisse der Auswertung, siehe z. B. Laudon et al. (2016)

	Vollständigkeit & Struktureller Aufbau	Korrektheit	Relevanz
S1T1	Gefolgt von einer Einordnung der WI an der Schnittstelle von BWL und Informatik folgt eine Auflistung der historischen Entwicklung der Informationstechnologie von 1950 bis heute anhand ausgewählter Beispiele. Die Historie des Fachs WI wird nicht beschrieben. Kurze Einleitung gefolgt von einer chronologischen Liste mit entsprechenden Unterpunkten.	Die einzelnen Aussagen sowie deren zeitliche Kategorisierung und Zuordnung werden nicht belegt und sind im Detail diskutierbar, beispielsweise der Aufschwung von ERP-Systemen in den 1970ern.[1]	Eine motivierende Liste einzelner Beispiele mit gewisser Relevanz für die WI.
S1T2	Gefolgt von einer kurzen Einleitung werden sieben Funktionen von Anwendungssystemen aufgelistet und beschrieben. Diese sind beispielhaft zu sehen. Eine Vollständigkeit ist nicht gegeben und auch die Abstraktionsebene ist nicht konsistent (z. B. Informationsverarbeitung und Speicherung von Informationen). Kurze Einleitung gefolgt von einer Liste einzelner Beispiele, die kurz beschrieben werden. Danach folgt eine weitere Einordnung des Themas in das WI-Studium.	Weder die Auswahl der Beispiele noch ihre Kategorisierung folgen einer stringenten Logik. Einige Details sind fragwürdig, beispielsweise wäre zu klären, ob Informationsverarbeitung (1) und Berichterstellung und Analyse (7) tatsächlich zwei getrennte Funktionen sind.	Eine motivierende Liste einzelner Beispiele mit gewisser Relevanz zur Fragestellung.
S1T3	Gefolgt von einer Begriffsdefinition wird eine beispielhafte Liste einiger „Hauptfunktionen und Vorteile" dargestellt. Die Liste ist weder konsistent noch stringent oder vollständig in Bezug auf die gestellte Frage. Kurze Einleitung gefolgt von einer Liste einzelner Beispiele, die kurz beschrieben werden. Es folgen Erklärungen zur Einführung von ERP-Systemen.	Die einzelnen Beispiele sind für sich genommen korrekt, jedoch nicht überschneidungsfrei und auch keine korrekte Antwort auf die Frage. Im Detail sind einige Punkte erklärungsbedürftig (z. B. „Datenqualität und -entscheidungsfindung")	Obwohl ausschließlich nach Funktionen gefragt wurde, führt ChatGPT überwiegend (teils nichtfunktionale) Vorteile auf.

(Fortsetzung)

Tab. 4.2 (Fortsetzung)

	Vollständigkeit & Struktureller Aufbau	Korrektheit	Relevanz
S2T1	Es wurde nach Beispielen gefragt, sodass eine Vollständigkeit nicht gefordert ist. Kurze Einleitung gefolgt von einer Liste einzelner Beispiele, die kurz beschrieben werden. Die Beispiele sind nach Kategorien strukturiert.	Grundsätzlich sind die Beispiele korrekt. Inwiefern „IT-Recht" ein Gestaltungsbereich der WI ist, wäre zu diskutieren.	Relevante Beispiele werden dargestellt.
S2T2	Es wurde nach Beispielen gefragt, sodass eine Vollständigkeit nicht gefordert ist. Kurze Einleitung gefolgt von einer Liste einzelner Beispiele, die kurz beschrieben werden.	Grundsätzlich sind die Beispiele korrekt. Einige Detailbeschreibungen sind jedoch diskussionswürdig, beispielsweise die Erklärung eines ERP-Systems zur Verwaltung und Planung von Ressourcen.	Relevante Beispiele werden dargestellt.
S2T3	Es wurde nach Beispielen gefragt, sodass eine Vollständigkeit nicht gefordert ist. Kurze Einleitung gefolgt von einer Liste einzelner Beispiele, die kurz beschrieben werden. Die Beispiele sind nach Kategorien strukturiert.	Die Kategorien und Unterpunkte sind korrekt. Die Detailbeschreibungen sind teilweise fragwürdig (z. B. Automatisierung von Finanztransaktionen als Gegenstand der Buchhaltung).	Relevante Beispiele werden dargestellt.
S3T1	Es werden neben der Definition umfangreiche Inhalte geliefert, die nicht gefragt wurden. Der erste Satz kann als Definition verstanden werden. Danach folgen weitere Erklärungen und eine detaillierte Auflistung der Hauptkomponenten der WI.	Die Definition ist akzeptabel. Jedoch fehlt der Bezug zur öffentlichen Verwaltung und der Hinweis auf die Eigenständigkeit der Disziplin. Die Unterteilung der WI in die Hauptkomponenten BWL, Informatik, Schnittstellen und Anwendungsfelder erscheint zumindest erklärungsbedürftig.	Viele der gelieferten Beispiele und Details sind für die Definition irrelevant.
S3T2	Es wird eine umfassende Definition geliefert. Danach folgt eine Liste mit Systemsoftwarearten, die nicht als vollständig anzusehen ist. Nach der Begriffsdefinition folgt eine Liste von vier Arten von Systemsoftware.	Die Inhalte sind korrekt.	Die Inhalte sind relevant und hilfreich.

(Fortsetzung)

Tab. 4.2 (Fortsetzung)

	Vollständigkeit & Struktureller Aufbau	Korrektheit	Relevanz
S3T3	Es wird eine Definition geliefert. Danach folgen „einige Kernpunkte, die ERP-Systeme definieren". Eine Vollständigkeit der Kernpunkte ist nicht gegeben. Nach der Begriffsdefinition folgt eine Liste mit Kernpunkten, die über zwei Gliederungsebenen strukturiert wird.	Die Begriffsdefinition ist akzeptabel. Die Kernpunkte (z. B. mobiler Zugang) sind keine definitorischen Elemente, sondern beispielhafte Funktionen, die nicht zwingend auf alle ERP-Systeme zutreffen.	Die Inhalte sind relevant, aber streng genommen keine Definition.
S4T1	Gefolgt von einer kurzen Einleitung werden unterschiedliche Fähigkeiten erläutert. ChatGPT gruppiert die Fähigkeiten in 6 verschiedene Kategorien.	Die Inhalte sind korrekt.	Die Inhalte sind relevant und hilfreich.
S4T2	Die Erklärung ist umfangreich. Nach einer kurzen Erläuterung folg eine Auflistung von sechs Kernaspekten. Zum Abschluss wird ein Anwendungsbeispiel geliefert.	Der Unterschied zwischen prozessorientierten und aufgabenorientierten Anwendungssystemen wird nicht korrekt dargestellt.	Viele der gelieferten Inhalte sind für die Frage nicht relevant und teilweise sogar irreführend.
S4T3	Die Erklärung ist umfangreich. Nach einer kurzen Erläuterung folgen eine Auflistung von sechs Schritten sowie praktische Hinweise.	Die Inhalte sind teilweise fragwürdig. Beispielsweise wird die Anpassung von Geschäftsprozessen mit „Business Process Reengineering" gleichgesetzt. Das vorgeschlagene Vorgehensmodell entspricht keinem anerkannten Vorgehen.	Auch wenn einige Inhalte plausibel erscheinen, ist die gesamte Erklärung irreführend.

[1]siehe z. B. Laudon et al. (2016) für eine ausführliche Darstellung der Historie

4.5 Diskussion

Für alle Fragen wurden Antworten von ChatGPT generiert. Insgesamt lagen die ChatGPT-Antworten in einer ähnlichen Struktur vor: Nach einer kurzen Motivation oder Definition des Themas folgte eine detaillierte Aufzählung (mittels Listenansicht) von Funktionsweisen und Beispielen. Abschließend folgte ein Absatz, mit einer erneuten Einordnung des Themas und dessen Relevanz im gegebenen Kontext. Es ist auffällig, dass ChatGPT in den meisten Fällen Informationen bereitstellt, die über den Umfang der Lehr- und Lernmaterialien hinausgehen. Obwohl diese Informationen für die spezifische Fragestellung des Studierenden nicht notwendig sind, erscheinen diese in der Regel hilfreich.

Das Qualitätsniveau der Antworten variiert stark zwischen den einzelnen Fragen (siehe Tab. 4.2). So sind für die Fragen nach Beispielen (S2T1, S2T2, S2T3) die Antworten zufriedenstellend, während Definitionen (z. B. S3T1) teilweise fragwürdig sind. Auffällig ist, dass ChatGPT in vielen Fällen umfangreiche mit plausibel erscheinenden Beispielen angereicherte Antworten liefert. Die Antworten sind in allen Fällen ansprechend formuliert und erscheinen auf den ersten Blick valide.

Differenziert nach den vier Kriterien können die Ergebnisse wie folgt zusammengefasst werden:

- **Vollständigkeit**: Meistens werden Listen von Beispielen ohne Anspruch auf Vollständigkeit oder mehr Informationen als gefragt geliefert.
- **Struktureller Aufbau**: Nahezu alle Antworten starten mit einer kurzen Einleitung gefolgt von Aufzählungen, die teilweise über mehrere Gliederungsebenen strukturiert sind.
- **Korrektheit**: Die meisten Inhalten erscheinen auf den ersten Blick plausibel, sind jedoch im Detail fragwürdig. Häufig ist gerade die Präzision der Terminologie nicht gegeben.
- **Relevanz**: Die Auflistung plausibler Beispiele verbunden mit einer ansprechenden Struktur suggeriert eine hilfreiche Antwort, die jedoch teilweise irreführend und im Detail inkorrekt ist.

Grundsätzlich sind die Antworten häufig eine Aneinanderreihung von Fachbegriffen, die einen gewissen Bezug zum Kontext haben und in einer sprachlich plausiblen Art genutzt werden. Sie erinnern an Antworten von Personen, die ein Basiswissen haben, ohne alle Zusammenhänge des Fachgebiets zu kennen. Ein Indiz dafür ist die teilweise stark gehäufte Verwendung von bestimmten Begriffen, wie beispielsweise

- *Integration* bzw. *Integrieren* mit 23 Nennungen,
- *Automatisierung* bzw. *automatisieren* mit 18 Nennungen,
- *Optimierung* bzw. *optimieren* mit 16 Nennungen.

Problematisch ist, dass die Antworten ansprechend erscheinen und durchaus korrekte Aussagen enthalten. Inkorrekte oder irreführende Aussagen sind meistens in den Details versteckt und nur mit entsprechender Fachkenntnis zu erkennen. Außerdem problematisch ist, dass eine gewisse Willkürlichkeit in den Antworten durch umfangreiche Listen an plausiblen Beispielen überdeckt wird. So wird beispielsweise die Frage nach der Definition eines ERP-Systems (S3T3) mit einer umfangreichen Liste von Kernpunkten beantwortet, die weder dabei hilft ERP-Systeme von anderen Systemen abzugrenzen noch bei der Klassifikation eines konkreten Systems helfen kann; beides originäre Ziele einer Definition.

Als weiteren Kritikpunkt sind die fehlende Stringenz und Konsistenz über unterschiedliche Punkte hinweg anzusehen. Beispiele dafür sind:

- Die Frage nach der Historie der WI (S1T1) wird mit einer Auflistung historischer Daten beantwortet, die in einzelne Jahrzehnte unterteilt sind, für die sprechende Bezeichnungen gewählt wurden (z. B. „2000er-Jahre: Digitalisierung und Business Intelligence"). Warum genau diese Bezeichnungen gewählt wurden, bleibt unklar.
- Die Frage nach der Funktion von Anwendungssystemen (S1T2) liefert eine Liste von sieben Punkten (z. B. „Informationsverarbeitung", „Speicherung von Informationen", „Sicherheit"). Die Liste ist weder vollständig noch überschneidungsfrei.
- Die Frage nach der Definition der WI (S3T1) wird u. a. mit den vier Hauptkomponenten *BWL*, *Informatik*, *Schnittstellen* und *Anwendungsfelder* beantwortet. Ob diese Komponenten tatsächlich als vollständige und auf gleichem Abstraktionsniveau anzusehende Elemente der WI sind, bleibt unklar.
- Besonders auffällig ist die fehlende Konsistenz von Begriffen über unterschiedliche Fragen hinweg. Beispielsweise unterstützen gemäß S2T2 ERP-Systeme „die Verwaltung und Planung von Ressourcen eines Unternehmens", während gemäß S1T3 ERP-Systeme „integrierte Softwarelösungen [sind], die dazu dienen, Geschäftsprozesse eines Unternehmens zu steuern und zu optimieren."

Ein Grund für die oft sehr ausschweifenden Antworten könnte in der Funktionsweise des Chatbots liegen. ChatGPT erzeugt trotz der Anweisung „Definiere mir ..." weniger eine akademische Definition als vielmehr eine Erklärung. Möglicherweise aufgrund der weniger differenzierten Terminologie im Englischen wird aus dem Deutschen statt „definieren" eher „erläutern" oder „umschreiben" übersetzt. Diese Vermutung ist darauf zurückzuführen, dass ChatGPT ausschließlich mit englischer Literatur trainiert wurde [4].

Die eingangs gestellte Forschungsfrage „Kann ChatGPT zum Lernen genutzt werden?" lässt sich mit „Vielleicht." beantworten. ChatGPT-Antworten sind nicht geeignet, um grundlegende Konzepte und Terminologien zu verstehen und zu lernen. Sie können sogar kontraproduktiv sein, da das Erkennen von inhaltlichen Schwächen und Inkonsistenzen in den gelieferten Antworten ein entsprechendes Fachwissen voraussetzt. Denkbar ist der Einsatz von ChatGPT in einem Lernkonzept, das aufbauend auf vorhandenem Hintergrundwissen die Antworten von ChatGPT auswertet und hinterfragt. In diesem Zusammenhang wäre auch ein Fachgespräch mit ChatGPT denkbar, in dem einzelne Inhalte über mehrere Fragen hinweg vertieft werden. Beides war nicht Bestandteil dieser Untersuchung und stellt einen Ansatzpunkt für zukünftige Forschungsvorhaben dar.

Die oft angesprochene Möglichkeit der Spezifikation von Anfragen hat hinsichtlich des Formates einen entscheidenden Vorteil gegenüber den verwendeten Lern- und Lehrmaterialien. Die Nutzung von ChatGPT ermöglicht es dem Studierenden, Fragen zu stellen. Somit bietet die ChatGPT-Umgebung eine Form des personalisierten Lernens und kann somit besser auf Anforderungen und Interessen des Einzelnen eingehen [16]. Auch die Formulierung von Prüfungsfragen kann bei Bedarf durch ChatGPT übernommen werden. An dieser Stelle wird aber erneut auf den Schwerpunkt der jeweiligen Lehrunterlage verwiesen. Sollte dieser durch die KI falsch gewählt werden, würde sich die Vorbereitung auf Modulprüfungen als wenig effizient erweisen. Auch hier bedarf es einer gewissen eigenen kritischen Betrachtung des Studierenden.

Zu Beginn dieser Arbeit wurde auf die Bedeutung von Begeisterung innerhalb des Lernprozesses eingegangen [12]. Es ist festzustellen, dass die Berücksichtigung von grafisch aufbereiteten Informationen in Verbindung mit abgestimmten aufbauenden Lernmaterialen ein deutlich höheres Potenzial für Begeisterung bei Studierenden mit sich bringt. Dadurch besteht die Hoffnung, dass sich Lerninhalte nachhaltiger vermitteln lassen. Eine solche Begeisterung kann ChatGPT womöglich nicht auf Dauer garantieren. Insbesondere dann nicht, wenn die generierten Informationen, wie eingangs erwähnt, ein deutlich höheres Volumen aufweisen als die bestehenden Lernmaterialien.

ChatGPT kann bei richtiger Verwendung eine gute Unterstützung für Studierende bieten. Die Auseinandersetzung mit den konventionellen Lernmaterialien (z. B. Folien, Lehrbücher) kann durch ChatGPT allerdings – zum jetzigen Zeitpunkt – nicht ersetzt werden. Im schlimmsten Falle führt die Nutzung von ChatGPT zu Missverständnissen und fehlerhaften Lerngrundlagen.

Zusammenfassend lässt sich festhalten, dass ChatGPT in der Lage ist, umfassende und informative Antworten auf Anfragen im Zusammenhang mit dem Themengebiet „WI" zu liefern. Trotz einiger Herausforderungen, wie der verschiedenen Struktur zwischen Folien und Chatbot-Antworten oder der gelegentlichen Unschärfe innerhalb der Schreibweise, bietet die ChatGPT-Umgebung eine Form des personalisierten Lernens, die auf die Anforderungen und Interessen der Lernenden eingehen kann. Dies eröffnet die Möglichkeit, Fragen zu stellen und Testfragen zu formulieren, was das Verständnis und die Vertiefung in verschiedene Themenfelder fördern kann. Die Nutzbarkeit der gegebenen Antworten obliegt aber nicht der künstlichen Intelligenz alleine, sondern verlangt ein Zutun jedes einzelnen Studierenden. Insofern setzt die Nutzung von ChatGPT ein gewisses Fachwissen voraus. Insbesondere eine Sicherheit im Umgang mit der Fachterminologie ist unerlässlich.

4.6 Zusammenfassung, Limitationen & Ausblick

In dieser Arbeit wurde ChatGPT im Kontext eines Lernprozesses hinsichtlich seiner Eignung, Inhalte der WI zu erklären, getestet. Hierzu wurden nach einem vorgestellten Schema Anfragen formuliert und die resultierenden Antworten mit konventionellen Lehr- und Lernmaterialien verglichen. Die Antworten wurden entlang der Dimensionen Vollständigkeit, struktureller Aufbau, Korrektheit und Relevanz untersucht. Für alle Fragen wurden von ChatGPT Antworten generiert, die auf den ersten Blick plausibel erscheinen. Jedoch sind teilweise kritische Mängel vorhanden. Die oft aus Beispielen bestehenden Antworten erfüllen nicht immer den Anspruch an eine vollständige Darstellung, wie sie beispielsweise für eine Definition unerlässlich ist. Auch die Stringenz sowie Korrektheit der Terminologie und Argumentation ist teilweise verbesserungswürdig.

Zusammenfassend ist festzuhalten, dass ChatGPT zur Wissensvermittlung und dem Verständnis neuer Inhalte (Bloom'sche Taxonomie Stufen 1 und 2) nicht vollumfänglich geeignet ist. Jedoch sind interaktive Lernkonzepte mit ChatGPT denkbar, wie beispielsweise ein Fachgespräch oder die Generierung von Fragen durch den Chatbot, welche die höheren Stufen der Bloom'schen Taxonomie unterstützen würden.

Die vorliegende Untersuchung kann jedoch nur als erster Startpunkt zur Beantwortung der Frage, ob und inwiefern ChatGPT den Lernprozess unterstützen kann, angesehen werden. Die zugrunde liegende Datenbasis bezieht sich ausschließlich auf beispielhafte Themen der Wirtschaftsinformatik und stellt eine Momentaufnahme dar. Gerade im Hinblick auf ein selbstlernendes System ist die Reproduzierbarkeit nicht gegeben. Sowohl das kontinuierliche Training des KI-Algorithmus als auch der zu erwartende Fortschritt bei der Entwicklung von KI-Technologien können dazu führen, dass die Forschungsfrage in naher Zukunft anders zu beantworten ist. Auch wurde ausschließlich eine theoretische Analyse basierend auf dem Vergleich zwischen den Antworten und Referenzinhalten durchgeführt.

Die Ergebnisse dieser Arbeit können als Ausgangspunkt für weitere Forschung auf dem Gebiet des personalisierten Lernens mithilfe von ChatGPT genutzt werden. In zukünftigen Erhebungen könnte der Datensatz umfangreicher erstellt werden, um die gesammelten Erkenntnisse weiter zu verifizieren. Ein A/B-Test könnte zudem untersuchen, wie sich die Nutzung von KI auf die Leistungen der Studierenden auswirkt. Weiter lässt sich untersuchen, ob die Qualität in zeitlichen Abständen sinkt, steigt oder gleich bleibt und ob qualitative Unterschiede zwischen den ChatGPT-Versionen existieren. Auch existieren mittlerweile andere KI-Chatbots, wie z. B. Google Bard, die ebenso auf ihren Nutzen für Studierende untersucht werden könnten. Eine zentrale Einschränkung der vorliegenden Analyse besteht darin, dass zwischen unserer Forschungsarbeit und der Veröffentlichung ein Zeitraum von über 2 Jahren liegt. Insofern basiert die vorliegende Publikation auf dem technischen Stand von 2023, also der im April 2023 frei zugänglichen Version von ChatGPT, die auf dem Sprachmodell GPT-3.5 beruhte. Diese Version verfügte im Vergleich zu späteren Modellgenerationen – insbesondere GPT-4.5 – über begrenzte Fähigkeiten in Bezug auf Kontextverarbeitung, Genauigkeit und Argumentationstiefe. Seitdem haben Sprachmodelle erhebliche Fortschritte erzielt, sodass heutige Ergebnisse bei identischen Aufgabenstellungen qualitativ deutlich besser ausfallen dürften. Ein besonders relevanter Entwicklungsschritt betrifft die Möglichkeit, der kontextbezogenen Konfiguration von Sprachmodellen. Systeme wie NotebookLM (Google) oder individuell anpassbare Varianten von ChatGPT (Custom GPTs) erlauben es inzwischen, eigene Dokumente – etwa Fachliteratur, Vorlesungsunterlagen oder Leitlinien – hochzuladen und als priorisierte Wissensgrundlage zu nutzen. Auch ist es möglich, ChatGPT so zu nutzen, dass in der Antwort die Quellen referenziert werden. Die Vorgehensweise des vorliegenden Beitrags kann auf neue Versionen von ChatGPT übertragen werden und somit als Startpunkt für zukünftige Forschung dienen. Die konkreten Ergebnisse können zur rückblickenden Betrachtung über die Entwicklung von KI-basierten Sprachmodellen genutzt werden. Außerdem dienen sie auch als Beispiel für die Grenzen von traditionellen Verlagsprozessen im Kontrast zur Schnelligkeit des technologischen Fortschritts.

4.7 Ergänzende Materialien

Alle weiteren ChatGPT-Abfragen, -Antworten und zugehörigen WiLMo-Folien sind im folgenden Repository zu finden: https://osf.io/286r7/ (DOI 10.17605/OSF.IO/286R7).

Literatur

1. Faye, J. (2014). Understanding as organized beliefs. In J. Faye (Hrsg.), *The nature of scientific thinking: On interpretation, explanation, and understanding* (S. 24–59). Palgrave Macmillan. https://doi.org/10.1057/9781137389831_2
2. ChatGPT. OpenAI. https://chat.openai.com. Zugegriffen im Juli 2023.
3. Google Bard. Google. https://bard.google.com/chat. Zugegriffen im Juli 2023.
4. Ray, P. P. (2023). ChatGPT: A comprehensive review on background, applications, key challenges, bias, ethics, limitations and future scope. *Internet of Things and Cyber-Physical Systems, 3*, 121–154. https://doi.org/10.1016/j.iotcps.2023.04.003
5. Choi, J. H., Hickman, K. E., Monahan, A., & Schwarcz, D. (2023). *ChatGPT goes to law school*. https://doi.org/10.2139/ssrn.4335905
6. Gilson, A., et al. (2023). How does ChatGPT perform on the United States medical licensing examination? The implications of large language models for medical education and knowledge assessment. *JMIR Medical Education, 9*(1), e45312. https://doi.org/10.2196/45312
7. Zosel, R. (2023). „ChatGPT fällt bei Jura-Test krachend durch – ralfzosel.de", ralfzosel.de | Mandatsakquisition. https://ralfzosel.de/blog/chatgpt-faellt-bei-jura-test-krachend-durch/. Zugegriffen am 22.11.2023.
8. Liu, Y., et al. (2023). Summary of ChatGPT-Related research and perspective towards the future of large language models. *Meta-Radiology, 1*(2), 100017. https://doi.org/10.1016/j.metrad.2023.100017
9. Dwivedi, Y. K., et al. (2023). Opinion paper: "So what if ChatGPT wrote it?" Multidisciplinary perspectives on opportunities, challenges and implications of generative conversational AI for research, practice and policy. *International Journal of Information Management, 71*, 102642. https://doi.org/10.1016/j.ijinfomgt.2023.102642
10. Trust, T., Whalen, J., & Mouza, C. (2023). Editorial: ChatGPT: Challenges, opportunities, and implications for teacher education. *Contemporary Issues in Technology and Teacher Education, 23*(1), 1–23.
11. Leiter, C., et al. (2023, February 20). ChatGPT: A meta-analysis after 2.5 months. arXiv. http://arxiv.org/abs/2302.13795. Zugegriffen am 20.10.2023.
12. Hüther, G. (2015). *Die Macht der inneren Bilder: wie Visionen das Gehirn, den Menschen und die Welt verändern* (9. Aufl.). Vandenhoeck & Ruprecht.
13. Russo, A. (2023). How the human brain learns and memories and how it shows similar neural patterns to its social network. *Cortica, 2*(1), 175–179. https://doi.org/10.26034/cortica.2023.3657
14. Gogus, A. (2012). Bloom's taxonomy of learning objectives. In N. M. Seel (Hrsg.), *Encyclopedia of the sciences of learning* (S. 469–473). Springer. https://doi.org/10.1007/978-1-4419-1428-6_141
15. ‚Ein hochwertiger Grundstock schafft mehr Zeit für innovative Lehre' | ORCA.nrw". https://www.orca.nrw/blog/WILMO. Zugegriffen am 24.10.2023.
16. Fuchs, K. (2023). Exploring the opportunities and challenges of NLP models in higher education: Is Chat GPT a blessing or a curse?" *Frontiers in Education, 8*, 2023. https://www.frontiersin.org/articles/10.3389/feduc.2023.1166682. Zugegriffen am 27.10.2023.
17. Laudon, K. C., Laudon, J. P., & Schoder, D. (2016). Wirtschaftsinformatik: eine Einführung (3., vollst. überarb. Aufl.). Pearson. ISBN 9783868942699
18. Alpar, P., Alt, R, Bensberg, F, & Czarnecki, C. 2023. *Anwendungsorientierte Wirtschaftsinformatik: Strategische Planung, Entwicklung und Nutzung von Informationssystemen [online]*. 10th ed. 2023. Springer Fachmedien Wiesbaden, Imprint: Springer Vieweg. ISBN 9783658403522. https://doi.org/10.1007/978-3-658-40352-2

Teil III
Innovationsmanagement

5

Die Zukunft des Technologiescoutings: Wie ein digitales Transfertool von KI-basierter Contentgenerierung profitiert

Marko Bahle und Bénédict Loesert-Albrecht

5.1 Innovative Ansätze im Technologiescouting: Der Einfluss von KI-gestützter Textgenerierung

Die fortlaufende Evolution im Technologiebereich und die damit einhergehende Beschleunigung der Wissensgenerierung zwingen Akteure im Wissens- und Technologietransfer zu einer ständigen Anpassung und Innovation ihrer Arbeitsweisen. Die Herausforderung besteht darin, relevante technologische Entwicklungen nicht nur zu identifizieren und zu bewerten, sondern diese Erkenntnisse auch effektiv und effizient zu transferieren.

Im Kontext des Wissens- und Technologietransfers werden die zugrunde liegenden Herausforderungen der Wissensverwaltung und des Technologietransfers sowie deren Beiträge zur Entwicklung der Gesellschaft weitreichend diskutiert [1]. Trotz der strategischen Bedeutung des Technologietransfers für den wirtschaftlichen und sozialen Fortschritt [2] stehen Akteure vor stetigen Herausforderungen, wie der Identifikation geeigneter Technologien, der Schwerfälligkeit von Institutionen bei der Formulierung von Vereinbarungen und der Überwindung von Informationsasymmetrien [3].

In diesem dynamischen Umfeld offenbart sich das Potenzial KI-basierter Textgenerierungstools als transformative Ressourcen. Diese Tools bieten die Möglichkeit, den Prozess der Informationsbeschaffung und -aufbereitung zu optimieren. Der Einsatz von KI-

M. Bahle (✉) · B. Loesert-Albrecht
Technische Hochschule Wildau, Wildau, Deutschland
E-Mail: marko.bahle@th-wildau.de

basierten Tools wie ChatGPT im Technologiescouting und Wissens- und Technologietransfer verspricht eine signifikante Steigerung der Effizienz durch die Automatisierung der Contenterstellung und -analyse.

Das vorliegende Kapitel widmet sich daher der Erforschung dieser Potenziale am Beispiel der Webanwendung „Inno Radar". Das „Inno Radar" dient als Beispiel für die Nutzung von KI im Prozess der Erstellung von Technologieradaren und der Kommunikation technologischer Entwicklungen. Durch ein Experiment wird untersucht, wie die Qualität der KI-generierten Texte und der damit verbundene Ressourceneinsatz zur Verbesserung des Technologiescoutings und des Wissens- und Technologietransfers beitragen können.

Das Ziel dieses Kapitels besteht somit darin, die Stärken und Schwächen von KI-basierter Contentgenerierung im Kontext des Technologiescoutings und Wissens- und Technologietransfers zu untersuchen, mit einem besonderen Fokus auf die Webanwendung „Inno Radar". Die Webanwendung dient hierbei als praxisnahes Beispiel, um zu veranschaulichen, wie KI-generierte Inhalte den Prozess der Contenterstellung von Technologieradaren unterstützen und verbessern können. Durch die Analyse eines Fallbeispiels sollen mögliche Chancen und Herausforderungen der Integration von KI-basierten Textgenerierungstools in digitale Transfertools aufgedeckt und diskutiert werden. Die gewonnenen Erkenntnisse und Handlungsempfehlungen sollen nicht nur einen Einblick in die weitere Nutzungsmöglichkeit von KI-basierten Textgenerierungswerkzeugen bieten, sondern auch als Richtschnur für zukünftige Forschungs- und Entwicklungsarbeiten in diesem Bereich dienen.

5.2 Definition und Ziele des Technologiescoutings und des Wissens- und Technologietransfers

Die Innovationstätigkeit von Unternehmen und Organisationen wird maßgeblich durch das Technologiescouting und den Wissens- und Technologietransfer vorangetrieben. Diese beiden Prozesse sind essenziell für die Identifikation und Integration externer technologischer Entwicklungen sowie neuester wissenschaftlicher Erkenntnisse in die betriebliche Praxis. Rocafort [4] hebt hervor, dass das Technologiescouting insbesondere darauf abzielt, systematisch neue Technologien, Produkte und Prozesse zu identifizieren, die das Potenzial haben, bestehende Geschäftsmodelle zu erweitern oder zu revolutionieren. Hierbei spielen die Fähigkeit zur schnellen Anpassung und die Bereitschaft zur Übernahme externer Innovationen eine zentrale Rolle.

Der Wissens- und Technologietransfer ergänzt das Technologiescouting, indem er den Austausch und die Anwendung dieser Erkenntnisse zwischen Forschungseinrichtungen und der Industrie fokussiert, um Innovationen zu kommerzialisieren und gesellschaftlichen Mehrwert zu generieren. Allard und Allard [5] verdeutlichen, dass dieser Transferprozess dazu beiträgt, die Kluft zwischen Forschung und Markt zu überbrücken, und somit den Weg für die praktische Anwendung wissenschaftlicher Durchbrüche ebnet.

Trotz der unbestrittenen Bedeutung dieser Prozesse für die Innovationsfähigkeit stehen Unternehmen und Organisationen vor erheblichen Herausforderungen. Die Identifikation relevanter Technologien, ihre Bewertung und die erfolgreiche Integration in bestehende Geschäftsprozesse stellen komplexe Aufgaben dar. Noack und Jacobsen [6] weisen auf die Problematik hin, dass oft unzureichende Kommunikationskanäle zwischen Wissenschaft und Wirtschaft sowie rechtliche und organisatorische Hindernisse die effektive Übertragung von Technologien erschweren.

Um diesen Herausforderungen zu begegnen, wurden verschiedene Instrumente und Methoden entwickelt. Dazu zählen Technologietransferbüros, Innovationszentren und Inkubatoren, die die systematische Überwachung, Bewertung und Integration technologischer Entwicklungen unterstützen [7]. Hayter, Rasmussen und Rooksby [8] betonen die zentrale Rolle dieser Einrichtungen bei der Schließung der Lücke zwischen Forschung und Markteinführung neuer Technologien und somit bei der Beschleunigung des Innovationsprozesses.

Ein weiteres innovatives Instrument im Kontext des Technologietransfers sind Technologieradare. Diese visuellen Werkzeuge zur Darstellung und Bewertung von Technologien hinsichtlich ihrer Reife und ihres Potenzials ermöglichen es Organisationen, technologische Trends zu identifizieren und strategische Entscheidungen hinsichtlich ihrer Forschungs- und Entwicklungsaktivitäten zu treffen [9]. Die Abb. 5.1 zeigt ein Beispiel für ein Technologieradar. Die Integration von KI-basierten Textgenerierungswerkzeugen in die Erstellung von Technologieradaren kann den Mehrwert dieser Instrumente weiter verbessern, indem sie die Datenerfassung und -analyse automatisieren und so einen umfassenderen Überblick über relevante Technologien und Trends liefern.

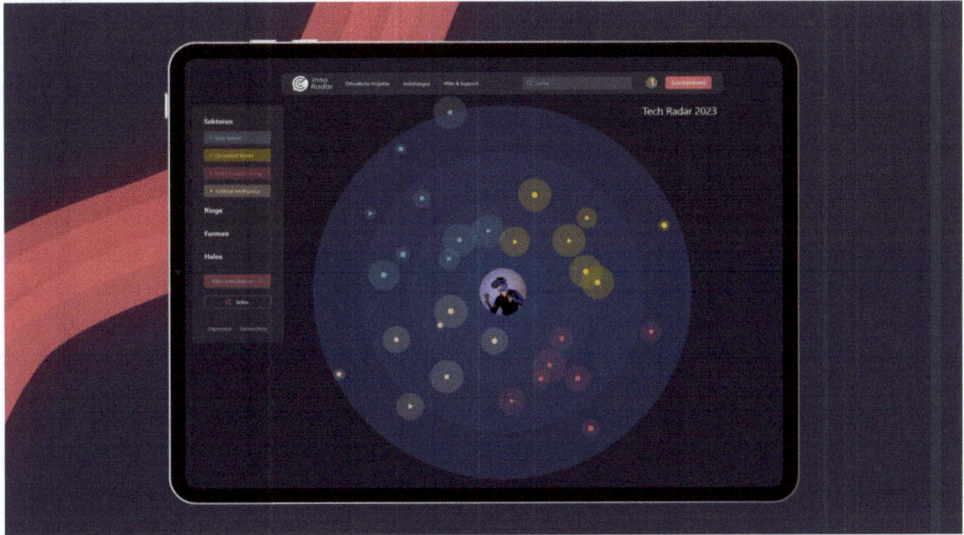

Abb. 5.1 Beispiel für ein Technologieradar

Zusammenfassend lässt sich festhalten, dass das Technologiescouting und der Wissens- und Technologietransfer entscheidende Prozesse für die Innovationsfähigkeit von Unternehmen und Organisationen darstellen. Die aktuellen Herausforderungen erfordern innovative Lösungen, wobei KI-basierte Textgenerierungswerkzeuge und Technologieradare vielversprechende Ansätze bieten, um die Effizienz und Effektivität dieser Prozesse zu steigern. Die kontinuierliche Entwicklung und Integration dieser Instrumente in die Praxis wird entscheidend sein, um den oben genannten Herausforderungen erfolgreich zu begegnen.

5.3 Potenzial und Übersicht von KI-basierten Textgenerierungswerkzeugen

Die Entwicklung und der Einsatz von KI-basierten Textgenerierungswerkzeugen, insbesondere von ChatGPT und ähnlichen Tools, haben in den letzten Jahren signifikante Fortschritte gemacht. Diese Werkzeuge, die auf fortschrittlichen Algorithmen der natürlichen Sprachverarbeitung und des maschinellen Lernens basieren, sind in der Lage, menschenähnliche Texte zu generieren, die für eine Vielzahl von Anwendungen nutzbar sind [10, 11]. Die Fähigkeit von bspw. ChatGPT, komplexe Dialoge zu führen, Texte basierend auf vorgegebenen Anfragen (Prompts) zu erstellen und sogar auf kreative Anfragen zu reagieren, hat es zu einem wertvollen Werkzeug in vielen Bereichen gemacht, einschließlich Bildung, Kundenservice und Contenterstellung [12].

Im Kontext des Technologiescoutings und Wissens- und Technologietransfers bieten ChatGPT und ähnliche KI-basierte Textgenerierungswerkzeuge neue Möglichkeiten. Sie können zum Beispiel genutzt werden, um umfangreiche Forschungsberichte zu generieren, Markttrends zu analysieren oder komplexe technologische Konzepte in verständliche Sprache zu übersetzen. Diese Fähigkeiten sind besonders wertvoll, da sie es ermöglichen, wissenschaftliche und technologische Erkenntnisse effizienter zu verbreiten und einem breiteren Publikum zugänglich zu machen [13].

Einer der wichtigsten Vorteile dieser Technologien ist die signifikante Steigerung der Effizienz. KI-basierte Textgenerierungswerkzeuge können in Sekundenschnelle Inhalte produzieren, für die ein Mensch Stunden oder gar Tage benötigen würde. Darüber hinaus ermöglichen sie eine erhebliche Ressourceneinsparung, da sie den Bedarf an menschlicher Arbeitskraft für Routineaufgaben im Bereich der Texterstellung reduzieren [14]. Die verbesserte Kommunikation, die durch die Fähigkeit dieser Werkzeuge zur Erstellung klarer und kohärenter Texte ermöglicht wird, kann zudem die Verbreitung von Wissen und Technologien fördern [13].

Die Einzigartigkeit und Vorteile von KI-gestützten Ansätzen im Vergleich zu anderen Technologien und Tools liegen nicht nur in der Geschwindigkeit und Effizienz der Textproduktion, sondern auch in der adaptiven Lernfähigkeit dieser Systeme. Im Gegensatz zu herkömmlichen Softwarelösungen können ChatGPT und ähnliche Modelle aus einer Vielzahl von Textquellen lernen und sich kontinuierlich verbessern. Dies ermöglicht eine immer präzisere und relevantere Textgenerierung, die spezifisch auf die Bedürfnisse und Anforderungen der Nutzenden abgestimmt ist. Im Folgenden wird eine Übersicht (Tab. 5.1) der führenden KI-Tools präsentiert, die zurzeit die Landschaft der Textgenerierung prägen. Diese Tools bieten Funktionen und Vorteile, die für verschiedene Anwendungen im Bereich des Technologiescoutings und des Wissens- und Technologietransfers besonders wertvoll sein können [15].

Tab. 5.1 Übersicht der führenden KI-Tools

Name des KI-Tools	Hauptfunktionen	Vorteile und Features	Nachteile	Quelle
ChatGPT	Generierung von Texten, Dialogführung; Einführung in die Welt der KI-Textgenerierung	Kann menschenähnliche Texte generieren und auf alltäglich Anfragen reagieren; nutzt die Version GPT-3.5; keine Limitierung für Nachrichten; kostenfreier Zugriff über alle gängigen Plattformen (Web, iOS, Android); nutzt ein 8K Kontext-Fenster	Kann Genauigkeits- und Zuverlässigkeitsprobleme aufweisen; letzter Datensatz, auf den zugegriffen wird: Januar 2022; ethische Bedenken; Antwortzeiten orientieren sich an der aktuellen Nutzlast	[16, 17]
ChatGPT Plus	Verbesserte Textgenerierung und Dialogführung; Produktivitätssteigerung für Einzelpersonen	Verbesserte Genauigkeit und Geschwindigkeit gegenüber der Standardversion; nutzt die Version GPT-4; Suche, Erstellung und Nutzung von GPTs; Nutzung von weiteren Tools, wie DALL·E, Browsing, Advanced Data Analysis; Sprachinput und -output; nutzt ein 32K Kontext-Fenster; schnelle Antwortzeiten	Höhere Kosten; ethische und Zuverlässigkeitsprobleme bleiben bestehen; Letzter Datensatz, auf den zugegriffen wird: April 2023; limitiert auf 40 Nachrichten innerhalb von 3 h für die Version GPT-4	[16, 17]

(Fortsetzung)

Tab. 5.1 (Fortsetzung)

Name des KI-Tools	Hauptfunktionen	Vorteile und Features	Nachteile	Quelle
Microsoft Copilot	Generierung von Texten, Dialogführung; Einführung in die Welt der KI-Textgenerierung	Kann menschenähnliche Texte generieren und auf alltäglich Anfragen reagieren innerhalb der Spitzenlastzeiten; kostenfreier Zugriff über alle gängigen Plattformen (Web, iOS, Android) Zugang zu GPT-4 außerhalb der Spitzenlastzeiten; Verwendung von Text, Sprache und Bildern in der Konversationssuche; Generierung von Bildern; Verwendung von Plug-ins und GPTs	Kann Genauigkeits- und Zuverlässigkeitsprobleme aufweisen; ethische Bedenken; die Version GPT-4 ist nur außerhalb der Spitzenlastzeit verfügbar; Generierung von Bildern auf 15 „Boosts" pro Tag limitiert; Limitierung von 2000 Zeichen pro Nachricht	[16, 18, 19]
Microsoft Copilot Pro	Verbesserte Textgenerierung und Dialogführung; in ausgewählten Microsoft 365-Apps integriert	Verbesserte Genauigkeit und Geschwindigkeit gegenüber der Standardversion; nutzt die Version GPT-4 auch innerhalb der Spitzenlastzeiten; Zugriff in ausgewählten Microsoft 365-Apps	Höhere Kosten; ethische und Zuverlässigkeitsprobleme bleiben bestehen; Generierung von Bildern auf 100 „Boosts" pro Tag limitiert	[16, 18, 19]
Google Gemini (ehemals Bard)	Generierung von Texten, Dialogführung; Einführung in die Welt der KI-Textgenerierung	Kann menschenähnliche Texte generieren und auf alltäglich Anfragen reagieren; nutzt das Gemini 1.0 Pro Model	Kann Genauigkeits- und Zuverlässigkeitsprobleme aufweisen; ethische Bedenken; Imageprobleme durch problematische Text und Bildgenerierungen	[20, 21, 22]
Google Gemini Advanced	Verbesserte Textgenerierung und Dialogführung; Integration in ausgewählten Google Apps	Verbesserte Genauigkeit und Geschwindigkeit gegenüber der Standardversion; nutzt das Gemini 1.0 Ultra Model; Integriert in einige Google Apps (Gmail, Docs, …)	Höhere Kosten; ethische Bedenken und Zuverlässigkeitsprobleme bleiben bestehen; Imageprobleme durch problematische Text und Bildgenerierungen	[20, 21, 22]

Die hier vorgestellten Modelle verdeutlichen die Vielfalt und das Spektrum der Möglichkeiten, die KI-Technologien bieten. Durch die Automatisierung der Contenterstellung und die Fähigkeit, komplexe Informationen verständlich zu kommunizieren, können diese Werkzeuge zu einer beschleunigten Verbreitung von Wissen und Technologien beitragen. Die Vorteile dieser KI-Modelle sind offensichtlich, doch ihre Integration in bestehende Prozesse und Systeme erfordert sorgfältige Planung und Überlegung. Ethische Überlegungen und die Sicherstellung der Genauigkeit und Zuverlässigkeit der generierten Inhalte sind somit entscheidend für den erfolgreichen Einsatz dieser Modelle. Es ist zu beachten, dass die Tabelle keinen Anspruch auf Vollständigkeit erhebt und die Inhalte schnell veralten können, da sie den Stand von März 2024 widerspiegeln. Die Modelle entwickeln sich ständig weiter, was ihre Eigenschaften und Fähigkeiten beeinflusst.

5.4 Technologieerkundung und -kommunikation mit dem Inno Radar: Eine Fallstudie zur Integration von KI und Markdown

Im Kontext der fortschreitenden Digitalisierung und des zunehmenden Einflusses künstlicher Intelligenz auf den Bereich des Technologiescoutings und Wissens- und Technologietransfers kann die „Inno Radar"-Webanwendung eine bedeutende Rolle einnehmen. Diese an der Technischen Hochschule Wildau entwickelte Webanwendung dient als Instrument zur systematischen Erfassung, Bewertung und Diskussion neuer Technologien, Trends und deren Relevanz für individuelle Vorhaben. Durch die Möglichkeit, angepasste Technologieradare zu erstellen und diese mit Teams oder der Öffentlichkeit zu teilen, fördert „Inno Radar" die kollaborative Exploration technologischer Entwicklungen.

Die Einbindung von externen, KI-basierten Textgenerierungswerkzeugen in den Erstellungsprozess von Inhalten bietet eine wesentliche Erweiterung der Funktionalitäten des Inno Radars. Auch wenn diese Werkzeuge nicht unmittelbar in die Applikation integriert sind, erlaubt ihre (externe) Anwendung die Erzeugung von Texten, die auf spezifischen Konzepten oder Vorlagen basieren. Diese Methodik kann eine effiziente Lösung für die Herausforderungen darstellen, die bei der Erstellung und Verwaltung von Inhalten in dynamischen und wissensintensiven Feldern, wie dem Technologiescouting, auftreten [16].

Ein weiteres Schlüsselelement der „Inno Radar"-App ist die Unterstützung der Markdown-Syntax zur Gestaltung und Formatierung von Inhalten. Markdown, als leichtgewichtige Markup-Sprache, vereinfacht die Textformatierung durch eine intuitive Syntax und fördert die Klarheit sowie die Lesbarkeit der erstellten Dokumente. Diese Eigenschaften sind besonders vorteilhaft für die schnelle und effiziente Aufbereitung von Forschungsergebnissen und technologischen Analysen. Die Vorteile von Markdown, einschließlich der einfachen Konvertierung in HTML und der verbesserten Zusammenarbeit durch einheitliche Formatstandards, unterstreichen seine Eignung für wissenschaftliche und technische Kommunikationszwecke [23, 24].

Die Qualität der KI-generierten Inhalte und der erforderliche Ressourceneinsatz stehen im Fokus der wissenschaftlichen Betrachtung. Die Studie von Ma, Liu und Yi [25] untersucht die Unterschiede zwischen wissenschaftlichen Inhalten, die von KI generiert und von Menschen verfasst wurden, und identifiziert signifikante Diskrepanzen in Bezug auf Sprachredundanz und faktische Genauigkeit. Diese Erkenntnisse betonen die Notwendigkeit, die Qualität und Zuverlässigkeit KI-generierter Texte kritisch zu evaluieren, insbesondere im wissenschaftlichen Kontext, in dem auch das vorliegende Experiment stattfindet [25].

5.5 Experimenteller Ansatz: Aktualisierung eines vorhandenen Technologieradars

Im Folgenden wird sich mit dem experimentellen Ansatz zur Untersuchung der Stärken und Schwächen der Anwendung von ChatGPT im Kontext der Contenterstellung eines Technologieradars beschäftigt. Dabei erfolgt die Aktualisierung des „Tech Radar 2023", das an der Technischen Hochschule Wildau entwickelt wurde [26]. Dieses Radar bietet einen komprimierten Überblick über aufkommende und existierende Technologien und Trends, deren Relevanz für die unternehmerische Praxis von kleinen und mittleren Unternehmen (KMU) eine Herausforderung darstellt. Das Ziel des Tech Radar ist es, Unternehmen dabei zu unterstützen, relevante Technologietrends zu identifizieren und konkrete Anwendungen von Technologien zu erkunden, um eigene Innovationsaktivitäten zu inspirieren und Impulse zu setzen.

Das Experiment zielt somit darauf ab, ein „Tech Radar" für das Jahr 2024 zu erstellen, indem KI-gestützte Tools zur Textgenerierung, insbesondere ChatGPT Plus, verwendet werden. Dabei wird das Konzept des „Tech Radar 2023" übernommen, ohne Änderungen im Aufbau, in den Dimensionen oder den Inhaltsseiten der Technologien vorzunehmen. Für die Generierung der Inhalte wird die Plus-Version von ChatGPT genutzt, die das aktuelle KI-Modell von OpenAI aufgrund seiner verbesserten Genauigkeit, Geschwindigkeit, Vielseitigkeit und Effizienz verwendet (siehe Übersicht Abschn. 5.3). Es wird dabei ein besonderes Augenmerk auf die Prompts sowie die Einstellungen von ChatGPT gelegt. Die generierten Inhalte werden direkt in die Webanwendung „Inno Radar" eingepflegt, um die Einsatzmöglichkeiten des KI-Textgenerierungstools in diesem Kontext zu untersuchen.

Die Inhalte werden anhand von Templates im Markdown-Format erstellt, die für die Strukturierung und Formatierung der generierten Texte sorgen. Diese methodische Herangehensweise ermöglicht eine systematische Bewertung der Qualität und des Ressourceneinsatzes der KI-generierten Texte im Kontext des Technologieradars. Die folgende Abb. 5.2 zeigt zusammengefasst den Versuchsaufbau.

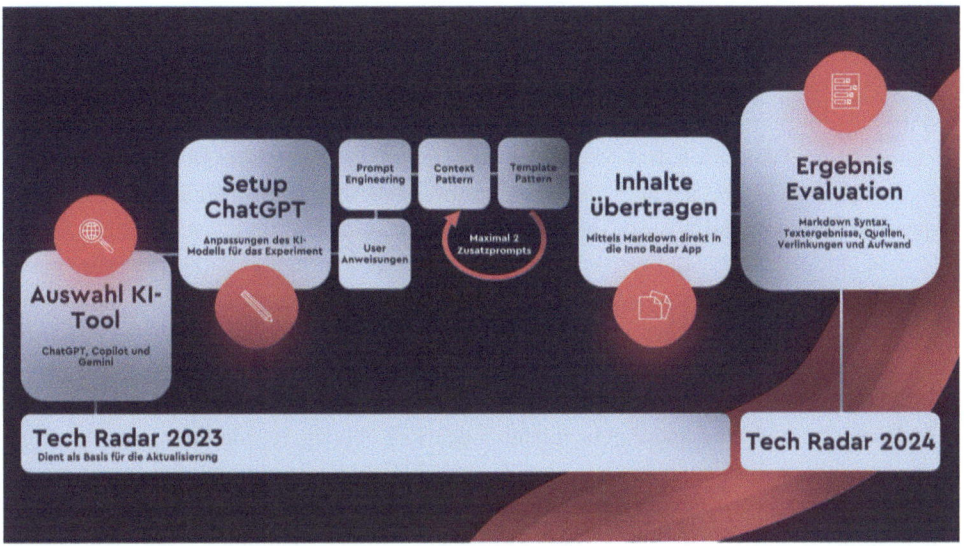

Abb. 5.2 Aufbau des Experiments

5.5.1 Das Setup von ChatGPT

Bevor das Experiment beginnt, sollten die Einstellungen von ChatGPT überprüft werden. Hierbei lohnt es sich, die individuellen Anweisungen auszufüllen. Diese ermöglichen es Nutzenden, spezifische Vorgaben für die Antwortgestaltung in ChatGPT festzulegen. Die Vorgaben werden in allen zukünftigen Konversationen berücksichtigt und bieten eine selbstdefinierte Anpassung der Interaktionen mit dem Modell. Die Möglichkeit, individuelle Anweisungen zu setzen, ist auf allen verfügbaren Tarifen und Plattformen, einschließlich Web, iOS und Android, integriert. Durch diese Funktion können Nutzende detaillierte Präferenzen angeben, beispielsweise bezüglich des Formalitätsgrads der Antworten, der gewünschten Länge der Texte, der Art und Weise, wie sie angesprochen werden möchten, und ob ChatGPT zu bestimmten Themen Meinungen äußern oder eine neutrale Position einnehmen soll. Des Weiteren wirken sich individuelle Anweisungen nicht nur auf die Kernantworten von ChatGPT aus, sondern auch auf die Ausgaben von Plug-ins, die in das System integriert sind, was eine umfassende Personalisierung der Nutzendenerfahrung ermöglichen soll. Um den vielfältigen Anforderungen und Wünschen der Nutzenden gerecht zu werden, ist jedes Feld für individuelle Anweisungen auf ein Limit von 1500 Zeichen beschränkt, was jedoch eine detaillierte Spezifikation der individuellen Präferenzen ermöglicht [27]. Für das vorliegende Experiment wurden folgende individuellen Anweisungen erteilt:

1. **Was sollte ChatGPT über Sie wissen, um Ihnen bessere Antworten geben zu können**

Als Wissenschaftler in Deutschland bin ich derzeit als Doktorand an einer Hochschule für angewandte Wissenschaften tätig. Meine Forschung konzentriert sich auf die Bereiche der strategischen Vorausschau (Foresight), Entrepreneurship sowie speziell auf den Transfer von Technologie und Wissen. Derzeit verfasse ich meine Doktorarbeit. Von besonderem Interesse sind für mich Studien, wissenschaftliche Arbeiten und Fachliteratur, die in Verbindung mit meinen Forschungsschwerpunkten stehen. Mein vorrangiges Ziel ist die Entwicklung eines digitalen, kollaborativen Transferwerkzeugs für Boundary Spanner, das einen signifikanten Mehrwert für deren Arbeit generiert. Aus meiner Forschung ist bereits eine Webanwendung hervorgegangen, das Inno Radar. Dieses zielt auf eine kontinuierliche Weiterentwicklung und den bevorstehenden Rollout der Applikation ab. Es ist intendiert, eine breite Nutzendenbasis sowie diverse Fallstudien zu etablieren, um umfangreiche Daten für meine Doktorarbeit sammeln zu können. Die Doktorarbeit wird in englischer Sprache verfasst und trägt den Titel: „Facilitating Technology and Knowledge Transfer for Boundary Spanners through an Open and Collaborative Framework".

2. **Wie sollte ChatGPT Ihrer Meinung nach reagieren?**

Es wird erwartet, dass die Antworten von ChatGPT den wissenschaftlichen Standards entsprechen und eine formelle Sprache aufweisen. Dabei ist von der Bereitstellung fiktiver Informationen abzusehen, es sei denn, dies wird explizit angefordert. Antworten sollen grundsätzlich umfassend formuliert sein, sofern keine spezifischen Beschränkungen hinsichtlich der Wort- oder Zeichenzahl vorgegeben werden. Angesichts der Notwendigkeit, dass die Inhalte den wissenschaftlichen Kriterien gerecht werden müssen, ist eine neutrale Darstellung erforderlich. Bei Aussagen, die eine Bewertung beinhalten, ist die Angabe präziser Quellen unabdingbar. Im Allgemeinen ist die Nennung von Quellen zu befürworten, wobei ein besonderes Augenmerk auf wissenschaftliche Quellen gelegt werden soll.

5.5.2 Das Prompt-Engineering

Nach der Einrichtung individueller Anweisungen für ChatGPT, die eine maßgeschneiderte Interaktion mit dem Modell ermöglichen soll, wird sich nun mit dem Thema Prompt Engineering befasst. Prompt Engineering ist ein entscheidender Schritt, um die Effizienz und Effektivität von KI-Modellen wie ChatGPT zu maximieren. Es stellt eine Brücke zwischen den spezifischen Anforderungen der Nutzenden und den Fähigkeiten des KI-Modells dar.

Prompt Engineering kann als Kunst und Wissenschaft betrachtet werden, Prompts so zu gestalten, dass sie von KI-Modellen, insbesondere Sprachmodellen wie ChatGPT, effektiv verarbeitet werden können. Diese sorgfältige Gestaltung der Prompts ist für die Qualität der erzeugten Inhalte von entscheidender Bedeutung. Die Qualität des Outputs hängt maßgeblich von der Gestaltung eines geeigneten Prompts ab [28]. Dies hat zur Entwicklung des Prompt Engineerings geführt, einem Prozess, der das Design natürlicher Sprach-Prompts zur optimalen Nutzung der Fähigkeiten generativer KI-Systeme beschreibt. Durch Experimente haben die kreative und wissenschaftliche Gemeinschaft Muster und Strategien für die Erstellung guter Prompts entwickelt. Ein Schlüsselaspekt dabei ist die Nutzung von Prompt Patterns, die wiederverwendbare Lösungen für spezifische Probleme bieten. Durch die Integration spezifischer Patterns wie „Output Customization", „Error Identification", „Prompt Improvement", „Interaction" und „Context Control" kann die Qualität und Relevanz der generierten Inhalte signifikant verbessert werden [29]. Die Anwendung dieser Prompt Patterns im Experiment ermöglicht es, die Erstellung von Inhalten systematisch zu optimieren, indem die Outputs und Interaktionen mit ChatGPT maßgeschneidert werden. Diese Anpassung trägt zur Effizienzsteigerung und Ressourceneinsparung bei, indem sie eine zielgerichtete Contenterstellung ermöglicht, die genau auf die Bedürfnisse und Anforderungen der Aktualisierung des Tech Radars abgestimmt ist. Für das vorliegende Experiment eignen sich das „Template Pattern" sowie das „Context Control Pattern". Das „Template Pattern" zielt darauf ab, sicherzustellen, dass die Ausgabe von ChatGPT einem präzisen Template in Bezug auf Struktur und Format folgt. Es wird insbesondere dann benötigt, wenn ein spezifisches Ausgabeformat erforderlich ist, das ChatGPT nicht bekannt ist, und ermöglicht es dem Nutzenden, dem KI-Textgenerierungstool anzuweisen, seine Ausgabe in einem Format zu produzieren, das es normalerweise für den generierten Inhaltstyp nicht verwenden würde. Das „Context Control Pattern" wurde einerseits initial verwendet, um ChatGPT ein Beispiel für das Ausfüllen des Templates bereitzustellen, und andererseits im Nachgang bei den Zusatzprompts, um zusätzlichen Kontext zu liefern [29]. Damit der Ressourceneinsatz möglichst gering ist, werden für das Experiment maximal zwei zusätzliche Prompts gesetzt, sofern das Ergebnis fehlerhaft ist oder nicht der gewünschten Qualität entspricht. Der folgende Abschnitt stellt beispielhaft einen Prompt des Experiments dar. Der erste Abschnitt vermittelt den Kontext und der zweite Abschnitt gibt das Template mit der Markdown-Syntax vor.

```
Ich möchte ein Technologie Radar für das Jahr 2024 erstellen. Die Software habe ich bereits, aber ich möchte dich bitten, die Inhalte und die Bewertung vorzunehmen. Die Bewertung erfolgt über 3 Ringe: Die Ringe des Radars beschreiben die Reife der technologischen Treiber. Gemäß der Metapher eines Radars steigt der Reifegrad mit der Annäherung an das Zentrum. Dabei geben die einzelnen Ringe bereits mögliche Handlungsempfehlungen zum Anwenden, Testen oder Abschätzen. Basis der Bewertung ist das Technology Readiness Level. Ich werde dir nun ein Template geben, dass du ausfüllen sollst. Bitte verwende dafür keine fiktiven Beispiele und Quellen, sondern nur reale Quellen und nutze Verlinkungen, die du im Internet findest.
```

```
# Name der Technologie

---

##### *Kurzbeschreibung*

Verfasse hier eine Kurzbeschreibung der Technologie, die nicht länger
ist als 180 Zeichen.

---

# Beschreibung

Beschreibe hier die Technologie etwas ausführlicher. Wenn du Quellen
verwendest, dann im Folgenden Format: [1]. Sammle die Quellen unten
unter dem Punkt Quellen.

---

# Signal

### Finde hier eine spannende Überschrift für ein Anwendungsbeispiel
Hier sollte der Text für das Anwendungsbeispiel stehen. Es soll ein Reales Anwendungsbeispiel sein, dass du im Internet findest.

Weiterführende Informationen: [Nenne hier die Quelle](Verlinkung der URL)

---

### Weitere Signale

- [Nenne hier ein spannendes reales erstes Beispiel](reale und funktionierende Verlinkung)
- [Nenne hier ein spannendes reales zweites Beispiel](reale und funktionierende Verlinkung)
- [Nenne hier ein spannendes reales drittes Beispiel](reale und funktionierende Verlinkung)

---

#### Quellen

[1] Hier sollen reale Quellen stehen, auf die du dich in der Beschreibung bezogen hast. Formatiere sie nach dem APA Format.

Bildmaterial: Generiert mit DALLE

Aktuelles Technology Readiness Level: Bewerte die beschriebene Technologie und begründe deine Einschätzung.

Bitte fülle das Template für die Technologie "Cognitive Computing" aus
und generiere mir danach ein Bild, das zu dem Signal passt.
```

5.5.3 Die Ergebnisse

Das Hauptergebnis des Experiments bildete die Entwicklung eines aktualisierten Tech Radars, zugänglich über die Webanwendung „Inno Radar" [30], das auf der systematischen Anwendung von ChatGPT basiert. Eine wesentliche Herausforderung lag im Prompt Engineering (siehe Abschn. 5.5.2), in das umfangreiche Zeitinvestitionen flossen, um ein initiales, qualitativ hochwertiges Ergebnis zu erzielen. Ziel war es, die Anzahl der benötigten Zusatzprompts auf ein Minimum zu reduzieren. Bei insgesamt 32 Generierungen der Detailseiten wurden lediglich 40 Prompts verwendet, was die Effizienz des Prozesses unterstreicht. Besonders hervorzuheben ist dabei, dass die Generierung der Detailseiten nicht nur schnell, sondern auch mit deutlich geringerem Aufwand erfolgte im Vergleich zum traditionellen Prozess.

Durch die Integration von DALLE-3 zur Bildgenerierung wurde jede Detailseite visuell aufgewertet, was die Präsentation der technologischen Inhalte wesentlich interessanter gestaltete. Dank der Kompatibilität von ChatGPT mit Markdown konnten die generierten Inhalte direkt und fehlerfrei in die Webanwendung „Inno Radar" eingefügt werden, was die Handhabung und Effizienz des Prozesses weiter optimierte.

Die Evaluation der Ergebnisse offenbarte, dass ChatGPT in den meisten Fällen zuverlässige und korrekte Verlinkungen setzte. Die Überprüfung ergab eine Fehlerrate von 23 % bei den Verlinkungen zu den Anwendungsbeispielen und lediglich 3 % bei den wissenschaftlichen Quellen, während die generierten Texte selbst komplett fehlerfrei und plausibel waren. Dies deutet auf eine gute Qualität und Zuverlässigkeit der KI-Texte und wissenschaftlichen Quellen hin. Jedoch sollten besonders die Verlinkungen zu den Anwendungsbeispielen funktionieren, um die Ergebnisse zu belegen und das Frustrationslevel der Nutzenden so gering wie möglich zu halten. Demnach musste bei 23 % der Quellen händisch nachgebessert werden, da ChatGPT auch durch weitere Prompts keine besseren Ergebnisse erzielen konnten. Spannend dabei ist der Fakt, dass die Anwendungsbeispiele real waren, jedoch die Verlinkungen halluziniert. Das Phänomen ist aber bereits bekannt und scheint im Verlauf der Zeit und der Aktualisierung der Modelle besser geworden zu sein [31].

Zudem zeigte sich auch, dass die initiale Auswahl von Anwendungsbeispielen häufig auf die gleiche Branche beschränkt war. Dieses Problem konnte jedoch durch gezielte Anpassungen der Prompts effektiv behoben werden, wodurch eine größere Diversität in den behandelten Technologiebereichen erreicht wurde. Weiterhin wurde das „Context Control Pattern" lediglich achtmal angewandt, was die Fähigkeit von ChatGPT unterstreicht, mit minimaler manueller Steuerung qualitativ hochwertige Ergebnisse zu liefern. In nur einem Fall wurde die maximale Anzahl von zwei Zusatzprompts benötigt. Die Abb. 5.3 zeigt das Ergebnis; zusätzlich kann über den QR-Code in der Abbildung das Radar aufgerufen werden.

Neben den Hauptergebnissen wurden zusätzliche Tests durchgeführt, die über die eigentliche Textgenerierung hinausgingen. So übernahm ChatGPT die Bewertung von Technologien und deren Einordnung innerhalb des Radars anhand des Technology Readiness Levels [32]. Die Kategorisierung erscheint plausibel und wurde von ChatGPT zusätzlich begründet. Nach Abschluss der Erstellung des Tech Radar 2024 bot ChatGPT zehn

Abb. 5.3 Ergebnisdarstellung mit QR-Code

weitere Technologien zur Integration in das Radar an, von denen zwei – „Synthetic Biology" und „Bioinformatics" – noch nicht im Tech Radar 2024 enthalten waren und somit eine wertvolle Ergänzung darstellten. Die übrigen acht Technologien überschnitten sich mit den bereits eingepflegten Technologien.

Das Experiment zur Aktualisierung des Tech Radars verdeutlicht die vielfältigen Potenziale und Herausforderungen beim Einsatz von KI-Tools im Technologiescouting. Mit den gewonnenen Einsichten aus der Anwendung von ChatGPT für die Erstellung des Tech Radars wird nun das Kapitel der Diskussion betreten. Dort wird ein kritischer Blick auf die Einsatzmöglichkeiten, Grenzen und ethischen Überlegungen von KI im Technologiescouting geworfen, um zu evaluieren, wie diese Technologien den Wissens- und Technologietransfer zukünftig formen können.

5.6 Reflexionen und Herausforderungen: KI-gestützte Textgenerierung im Technologiescouting und Wissens- und Technologietransfer

Trotz der überzeugenden Leistung in der Textgenerierung innerhalb des Experiments offenbarten sich spezifische Herausforderungen und Überlegungen, die für die zukünftige Integration von KI-Tools in den Bereichen Technologiescouting und Wissens- und Technologietransfer essenziell sind.

Zunächst ist festzuhalten, dass die Textgenerierung insgesamt überzeugende Ergebnisse lieferte, was ein Zeugnis der fortschrittlichen Fähigkeiten von ChatGPT ist. Diese positive Erfahrung unterstreicht das Potenzial von KI-Tools, den Prozess der Inhaltserschaffung zu unterstützen und zu beschleunigen. Ein wiederkehrendes Problem stellte die Neigung des Systems dar, bei Verlinkungen zu ‚halluzinieren'. Dieser Aspekt wirft Bedenken auf bezüglich der Zuverlässigkeit der generierten Inhalte und unterstreicht die Notwendigkeit einer sorgfältigen Überprüfung durch den Menschen. Die Tendenz zur Erzeugung nicht existenter oder irrelevanter Verlinkungen kann insbesondere in wissenschaftlichen Kontexten zu Irritation und Fehlinformation führen. Neben der Generierung von Fehlinformationen können auch algorithmische Verzerrungen auftreten. Die algorithmische Verzerrung wurde deutlich durch das Phänomen der bevorzugten Nennung von Anwendungsbeispielen aus einer spezifischen Branche. Diese Beobachtung betont das Risiko einer eingeschränkten Perspektive, die durch die zugrunde liegenden Daten der KI-Modelle geformt wird. Die algorithmische Verzerrung birgt die Gefahr, dass wichtige, branchenübergreifende Technologietrends übersehen oder unterrepräsentiert werden [33].

Ein weiterer kritischer Punkt ist die fehlende Transparenz der Textgenerierungsmodelle. Die Unklarheit darüber, wie und auf Basis welcher Daten die Inhalte generiert werden, stellt insbesondere in wissenschaftlichen Kontexten ein signifikantes Problem dar. Diese Unsicherheit erschwert die Bewertung der Verlässlichkeit und Authentizität der generierten Informationen. Zusätzlich als kritisch zeigt sich das Teilen der Daten, wenn mit KI-Textgenerierungstools wie ChatGPT gearbeitet wird. Im Bereich des Wissens- und Technologietransfers, wo oft mit sensiblen Daten gearbeitet wird, erweisen sich Datenschutzbedenken als besonders relevant. Die potenzielle Gefahr, dass sensible Informationen unbeabsichtigt geteilt oder missbraucht werden könnten, mahnt zur Vorsicht beim Einsatz von KI-gestützten Tools in diesen sensitiven Bereichen.

Trotz des beeindruckenden Fortschritts in der KI-Technologie zeigen die Ergebnisse die unverzichtbare Notwendigkeit einer menschlichen Überprüfung und Feinjustierung der generierten Inhalte. Diese menschliche Komponente ist entscheidend, um Genauigkeit, Relevanz und Vertrauenswürdigkeit der Inhalte zu gewährleisten und sicherzustellen, dass die Ergebnisse vor allem den Standards wissenschaftlicher Arbeit gerecht werden.

Die in diesem Kapitel dargelegten Überlegungen unterstreichen die Komplexität und Vielschichtigkeit der Integration von KI-Tools in den Prozess des Technologiescoutings und Wissens- und Technologietransfers. Während die Vorteile von KI-unterstützter Textgenerierung unbestreitbar sind, fordern die aufgezeigten Herausforderungen und Bedenken zu einer reflektierten und verantwortungsbewussten Herangehensweise auf. Die Balance zwischen der Nutzung der Potenziale von KI und der Bewältigung ihrer Grenzen wird ein zentrales Thema in der Weiterentwicklung und Anwendung dieser Technologien sein.

5.7 Potenziale und Zukunftsperspektiven KI-basierter Contentgenerierung für ein digitales Transfertool

Das Experiment mit der Anwendung von KI-gestützten Textgenerierungstools, insbesondere ChatGPT, auf die Webanwendung „Inno Radar", hat das Potenzial dieser Technologien für die Erstellung von Inhalten für Technologieradare aufgezeigt. Die Fähigkeit dieser Tools, effizient qualitativ hochwertige Texte zu generieren, bietet entscheidende Unterstützung für Akteure im Bereich des Technologiescoutings und des Wissens- und Technologietransfers. Diese Technologien ermöglichen eine schnellere Verarbeitung und Bereitstellung von Informationen über neue und aufkommende Technologien, was entscheidend ist, um mit der rasanten Entwicklung Schritt zu halten.

Das „Inno Radar", als digitales Transfertool, profitiert von den Erkenntnissen, die durch das Experiment hervorgebracht wurden. Die identifizierten Herausforderungen, wie die Neigung zu halluzinierten Verlinkungen und algorithmischen Verzerrungen, sowie die fehlende Transparenz in den Modellen und der Umgang mit sensiblen Daten, bieten wichtige Ansatzpunkte für die Weiterentwicklung der Webanwendung. Die Erkenntnis, dass ein menschlicher Gatekeeper zurzeit unerlässlich ist, unterstreicht die Notwendigkeit, KI-Tools als Ergänzung und nicht als Ersatz menschlicher Expertise zu betrachten.

Für digitale Transfertools im Allgemeinen, die im Bereich des Technologiescoutings sowie des Wissens- und Technologietransfers eingesetzt werden, ist es ratsam, Richtlinien und Standards zur Qualitätssicherung für den Einsatz von KI-Tools zu etablieren. Dies sollte transparente Verfahren zur Überprüfung und Validierung der durch KI-Tools wie ChatGPT generierten Inhalte umfassen. Eine solche Strategie ermöglicht es, die Effizienz und Vorteile der KI-unterstützten Contenterstellung optimal zu nutzen, während gleichzeitig die Genauigkeit und Zuverlässigkeit der Informationen sichergestellt wird.

Das vorliegende Kapitel bietet eine Basis für zukünftige Forschungsarbeiten, die sich der Weiterentwicklung des Einsatzes von KI innerhalb der Webanwendung „Inno Radar" widmen. Es unterstreicht die Bedeutung des systematischen Prompt Engineerings, um die Genauigkeit zu steigern und die Effektivität im Umgang mit Herausforderungen wie ‚halluzinierten' Inhalten und algorithmischen Verzerrungen zu erhöhen.

Zusammengefasst kann festgestellt werden, dass KI-Tools einen entscheidenden Beitrag zur Erstellung von Inhalten für digitale Transfertools leisten, wie am Beispiel von „Inno Radar" deutlich wird. Die Kombination aus menschlicher Expertise und dem Einsatz von KI-Anwendungen hat das Potenzial, Abläufe im Technologiescouting und Wissens- und Technologietransfer erheblich zu optimieren. Die durch das Experiment gewonnenen Einblicke zeigen auf, dass solche Werkzeuge nicht nur die Kapazitäten in der Informationsverarbeitung erhöhen, sondern auch einen bedeutsamen Beitrag zur Ressourceneffizienz leisten, indem sie die Contentgenerierung sowohl effektiver als auch zeitsparender gestalten. Dies stellt einen wichtigen Fortschritt in der Entwicklung dieser Felder dar, eröffnet neue Wege für die Konzeption und Anwendung digitaler Transfertools und fördert einen nachhaltigen Umgang durch die verbesserte Nutzung verfügbarer Ressourcen. Die fortgesetzte Forschung und Anpassung von KI-Technologien bleibt ein spannendes Feld, das verspricht, die Effizienz und Reichweite von Tools wie „Inno Radar" kontinuierlich zu steigern, um Innovations- und Wissenstransferprozesse weiter voranzutreiben.

Literatur

1. Barros, M. V., Ferreira, M. B., do Prado, G. F., Piekarski, C. M., & Picinin, C. T. (2020). The interaction between knowledge management and technology transfer: A current literature review between 2013 and 2018. *The Journal of Technology Transfer, 45*(5), 1585–1606. https://doi.org/10.1007/s10961-020-09782-w
2. Toman, J., & Klímová, B. (2020). *Current challenges of the technology transfer process.* University of Hradec Kralove. https://doi.org/10.36689/uhk/hed/2020-01-093
3. Borge, L., & Bröring, S. (2020). What affects technology transfer in emerging knowledge areas? A multi-stakeholder concept mapping study in the bioeconomy. *The Journal of Technology Transfer, 45*(2), 430–460. https://doi.org/10.1007/s10961-018-9702-4
4. Rocafort, C. M. (2017). Scouting to meet unmet needs. In *Cosmetic science and technology* (S. 77–86). Elsevier. https://doi.org/10.1016/B978-0-12-802005-0.00004-5
5. Allard, G., & Allard, S. (2017). Information behavior in the technology transfer process. *Proceedings of the Association for Information Science and Technology, 54*(1), 614–616. https://doi.org/10.1002/pra2.2017.14505401088
6. Noack, A., & Jacobsen, H. (2021). Transfer scouts: From intermediation to co-constructors of new knowledge and technologies in Germany. *Research Policy, 50*(4), 104209. https://doi.org/10.1016/j.respol.2021.104209
7. Good, M., Knockaert, M., Soppe, B., & Wright, M. (2019). The technology transfer ecosystem in academia. An organizational design perspective. *Technovation, 82–83*, 35–50. https://doi.org/10.1016/j.technovation.2018.06.009
8. Hayter, C. S., Rasmussen, E., & Rooksby, J. H. (2020). Beyond formal university technology transfer: Innovative pathways for knowledge exchange. *The Journal of Technology Transfer, 45*(1), 1–8. https://doi.org/10.1007/s10961-018-9677-1
9. Berndt, M., & Mietzner, D. (2021). Facilitating knowledge and technology transfer via a technology radar as an open and collaborative tool. In D. Mietzner & C. Schultz (Hrsg.), *New perspectives in technology transfer* (S. 207–230). Springer International Publishing. https://doi.org/10.1007/978-3-030-61477-5_12
10. Thorp, H. H. (2023). ChatGPT is fun, but not an author. *Science, 379*(6630), 313–313. https://doi.org/10.1126/science.adg7879
11. Taecharungroj, V. (2023). "What can ChatGPT do?" Analyzing early reactions to the innovative AI chatbot on Twitter. *Big Data and Cognitive Computing, 7*(1), Article 1. https://doi.org/10.3390/bdcc7010035
12. Roumeliotis, K. I., & Tselikas, N. D. (2023). ChatGPT and open-AI models: A preliminary review. *Future Internet, 15*(6), Article 6. https://doi.org/10.3390/fi15060192
13. Pavlik, J. V. (2023). Collaborating with ChatGPT: Considering the implications of generative artificial intelligence for journalism and media education. *Journalism & Mass Communication Educator, 78*(1), 84–93. https://doi.org/10.1177/10776958221149577
14. Maedche, A., Legner, C., Benlian, A., Berger, B., Gimpel, H., Hess, T., Hinz, O., Morana, S., & Söllner, M. (2019). AI-based digital assistants. *Business & Information Systems Engineering, 61*(4), 535–544. https://doi.org/10.1007/s12599-019-00600-8
15. Aljanabi, M., Ghazi, M., Ali, A. H., Abed, S. A., & ChatGpt. (2023). ChatGpt: Open possibilities. *Iraqi Journal For Computer Science and Mathematics, 4*(1), Article 1. https://doi.org/10.52866/20ijcsm.2023.01.01.0018
16. Bahrini, A., Khamoshifar, M., Abbasimehr, H., Riggs, R. J., Esmaeili, M., Majdabadkohne, R. M., & Pasehvar, M. (2023). ChatGPT: Applications, opportunities, and threats. In *2023 Systems and information engineering design symposium (SIEDS)* (S. 274–279). https://doi.org/10.1109/SIEDS58326.2023.10137850

17. ChatGPT Pricing. (o. J.). https://openai.com/chatgpt/pricing. Zugegriffen am 05.03.2024
18. Microsoft Copilot: Ihr täglicher KI-Begleiter. (o. J.). Microsoft Copilot: Ihr täglicher KI-Begleiter. https://copilot.microsoft.com/. Zugegriffen am 05.03.2024
19. Copilot Pro-Plan & Preise – Premium-KI-Funktionen plus GPT & 4 GPT-4 Turbo | Microsoft Store. (o. J.). https://www.microsoft.com/de-de/store/b/copilotpro. Zugegriffen am 05.03.2024
20. Gemini – Google DeepMind. (o. J.). https://deepmind.google/technologies/gemini/. Zugegriffen am 05.03.2024
21. Gemini Advanced: Jetzt auf das innovativste KI-Tool von Google zugreifen – 1.0 Ultra. (o. J.). Gemini. https://gemini.google.com/advanced. Zugegriffen am 05.03.2024
22. Langley, B. N., & Hugh. (o. J.). Google chief says the company got it wrong after Gemini's responses sparked a bitter backlash. Read the full memo. *Business Insider*. https://www.businessinsider.com/google-gemini-bias-sundar-pichai-memo-2024-2. Zugegriffen am 05.03.2024
23. Novotny, V. (2017). Using Markdown inside TEX documents. TUG@BachoTEX conference proceedings. *TUGboat, 38*(2), 214–217.
24. Strelkov, N. O., & Krutskikh, V. V. (2021). Usage of RMarkdown and bookdown for educational and scientific writing. In *2021 3rd international youth conference on radio electronics, electrical and power engineering (REEPE)* (S. 1–6). https://doi.org/10.1109/REEPE51337.2021.9388072
25. Ma, Y., Liu, J., Yi, F., Cheng, Q., Huang, Y., Lu, W., & Liu, X. (2023). AI vs. human – differentiation analysis of scientific content generation (arXiv:2301.10416). arXiv. https://doi.org/10.48550/arXiv.2301.10416
26. Bahle, M. (2023). Inno Radar – Tech Radar 2023 [Technologie Radar]. Tech Radar 2023. https://innoradar.app/projekte/0a4ab026-9b59-4e9b-ab36-8a6cc95b3965/ Zugegriffen am 01.03.2024
27. Custom instructions for ChatGPT | OpenAI Help Center. (o. J.). https://help.openai.com/en/articles/8096356-custom-instructions-for-chatgpt. Zugegriffen am 01.03.2024
28. Clarisó, R., & Cabot, J. (2023). Model-driven prompt engineering. In *2023 ACM/IEEE 26th international conference on model driven engineering languages and systems (MODELS)* (S. 47–54). https://doi.org/10.1109/MODELS58315.2023.00020
29. White, J., Fu, Q., Hays, S., Sandborn, M., Olea, C., Gilbert, H., Elnashar, A., Spencer-Smith, J., & Schmidt, D. C. (2023). A prompt pattern catalog to enhance prompt engineering with ChatGPT (arXiv:2302.11382). arXiv. http://arxiv.org/abs/2302.11382
30. Bahle, M. (2024). Inno Radar – Tech Radar 2024 [Technologie Radar]. Tech Radar 2024. https://innoradar.app/app/radar/532e891f-3988-465e-a796-9754ecdd4e47/ Zugegriffen am 06.03.2024
31. Hillier, M. (2023, February 20). *Why does ChatGPT generate fake references?* TECHE. https://teche.mq.edu.au/2023/02/why-does-chatgpt-generate-fake-references/ Zugegriffen am 01.03.2024
32. Mankins, J. C. (2009). Technology readiness assessments: A retrospective. *Acta Astronautica, 65*(9–10), 1216–1223. https://doi.org/10.1016/j.actaastro.2009.03.058
33. Ferrara, E. (2023). Should ChatGPT be biased? Challenges and risks of bias in large language models. *First Monday*. https://doi.org/10.5210/fm.v28i11.13346

6 Szenarioanalysen mit ChatGPT – Potenziale und Grenzen KI-gestützter Vorausschau

Dana Mietzner

6.1 Szenarioanalyse als eine Methode der strategischen Vorausschau

Eine Szenarioanalyse ist eine ausgewählte und populäre Methode der strategischen Vorausschau [1], S. 822. Die strategische Vorausschau (engl. „Strategic Foresight") zielt darauf ab, zukunftsorientierte Erkenntnisse auf die strategischen Aktivitäten und die Entscheidungsfindung einer Organisation anzuwenden [2–4]. Ziel von Szenarioanalysen ist es, Unsicherheiten in komplexen und hoch dynamischen Umfeldern zu reduzieren und frühzeitig Maßnahmen zum Umgang mit den in den Szenarien beschriebenen Entwicklungen zu ergreifen [5–7]. Ein Nachteil der Methode ist der mit ihr verbundene hohe Erstellungsaufwand sowie das Erfordernis einer profunden Methodenkenntnis, sodass z. B. kleinere Unternehmen, Organisationen, Verwaltungen oder Institutionen der Wirtschaftsförderung mit geringen Ressourcen für eine strategische Planung und die systematische Ableitung von Handlungsoptionen die Methode nur wenig einsetzen. Dies ist besonders herausfordernd, da gegenwärtige Geschäftsmodelle, Produkte, Dienstleistungen, Prozesse, Märkte und Regionen erheblichen Veränderungen ausgesetzt sind. Diese Veränderungen werden unter anderem durch die Digitalisierung, die Folgen des Klimawandels, demografische Verschiebungen und neue Verhaltensmuster der Verbraucherinnen und Verbraucher ausgelöst. Dies erfordert eine hohe Anpassungsfähigkeit und robuste Strategien.

D. Mietzner (✉)
Technische Hochschule Wildau, Wildau, Deutschland
E-Mail: dana.mietzner@th-wildau.de

© Der/die Autor(en), exklusiv lizenziert an Springer Fachmedien Wiesbaden GmbH, ein Teil von Springer Nature 2025
T. Barton, C. Müller (Hrsg.), *Generative KI im Kontext der Wirtschaftsinformatik*, Angewandte Wirtschaftsinformatik, https://doi.org/10.1007/978-3-658-47311-2_6

Für die Entwicklung von Szenarien im Kontext der strategischen Vorausschau stehen verschiedene methodische Ansätze zur Verfügung [4]. Im deutschsprachigen Raum hat sich eine systematische Vorgehensweise etabliert, die, ausgehend von einer umfassenden Analyse der Ausgangssituation, einer fokussierten Fragestellung und der Ermittlung von Einfluss- und Schlüsselfaktoren, unterschiedliche Zukunftsprojektionen ableitet und diese über eine Konsistenzanalyse zu Szenarien bündelt [5, 13].

Der vergleichsweise hohe Aufwand einer Szenarioanalyse ist u. a. auf die Entwicklung eines fundierten Verständnisses der Ausgangssituation, der aktuellen Situation des Untersuchungsgegenstandes, zurückzuführen. Die Analyse der Ausgangssituation kann z. B. eine Beschreibung von aktuellen, aufkommenden und alternativen Technologien beinhalten, die Identifikation von relevanten Akteur*innen im untersuchten Themenfeld, wesentliche Regularien, interne Stärken und Schwächen von Unternehmen und Organisationen, die Betrachtung von aktuellen und möglichen neuen Wettbewerbern, aufstrebenden Startups, gesellschaftlichen Trends sowie ein Verständnis zu Auswirkungen und Gestaltungsmöglichkeiten der ökologischen und ökonomischen Transformation. Aber auch die systematische Umsetzung der Szenarioanalyse selbst ist komplex und aufwendig, da eine Vielzahl von Einflussfaktoren und verschiedene Perspektiven bei der Bildung von Zukunftsprojektionen berücksichtigt werden müssen.

Der Wert einer Szenarioanalyse liegt dabei stark im Prozess der Entwicklung der Szenarien selbst und nicht nur bei den im Ergebnis kommunizierten Szenarien. Über den Erstellungsprozess werden Zusammenhänge zwischen Einflussfaktoren erkennbar, das Denken in Alternativen unterstützt und Konsequenzen von möglichen Entwicklungen erfahr- und erlebbar. Das ist eine wichtige Voraussetzung, um Projekte und Maßnahmen einzuleiten, die Chancen adressieren und potenzielle Risiken abzuwehren versuchen, z. B. im Zusammenhang mit der Entwicklung von Strategien in Unternehmen. Szenarien adressieren weiter entfernte Zeithorizonte und unterscheiden sich dadurch von Prognosen, die kürzere Zeithorizonte adressieren. Dies erfordert auch ein hohes Maß an Kreativität und das Denken „outside the box".

Die Methode Szenarioanalyse ist gut geeignet, um mit der Komplexität von Gegenstandsbereichen umzugehen, weil sie flexibel an unterschiedliche Kontexte und Fragestellungen angepasst werden kann [8]. Mit der Szenarioanalyse verbindet sich ein Vorgehen, das darauf abzielt, Zukunftsbilder systematisch zu entwickeln. Sie dient dem Wissensaufbau und der Sensibilisierung von beteiligten Akteur*innen und Entscheider*innen und ermöglicht die frühzeitige Auseinandersetzung mit zukünftigen Entwicklungen. Die Szenarioanalyse umfasst die Ableitung von Handlungsansätzen für beteiligte und betroffene Akteursgruppen vor dem Hintergrund der entwickelten Szenarien und schafft Grundlagen für strategische Entscheidungsprozesse auf unterschiedlichen Ebenen [9], S. 15.

In diesem Beitrag soll anhand eines ausgewählten Beispiels untersucht werden, wie die Künstliche Intelligenz ChatGPT (Generative Pre-trained Transformer), als ein fortschrittliches Sprachverarbeitungsmodell, im Rahmen von Szenarioanalysen zum Einsatz kommen kann.

6.2 Partizipative Szenarioanalyse Flughafenregion

Für die Untersuchung der Möglichkeiten der Entwicklung von Szenarien mithilfe von ChatGPT 4.0 wird eine Szenarioanalyse ausgewählt, die (1) einen regionalen Bezug aufweist, (2) partizipativ angelegt wurde und (3) einen hohen Komplexitätsgrad aufweist. Zudem wurde eine Szenarioanalyse gewählt, die umfangreich dokumentiert und frei zugänglich ist, um die Möglichkeiten und Grenzen des Einsatzes von ChatGPT genauer zu untersuchen und mit ausgewählten Elementen einer Szenarioanalyse zu vergleichen, die ohne Unterstützung der Künstlichen Intelligenz umgesetzt wurden. In der durchgeführten Szenarioanalyse spielt die Beteiligung der lokalen Akteure eine wesentliche Rolle. Diese waren nicht nur in die Formulierung der Fragestellung, sondern auch in sämtliche Phasen der Analyse bis hin zur Entwicklung von Handlungsstrategien und Maßnahmen involviert. Daher lässt sich diese Szenarioanalyse den partizipativen Ansätzen zuordnen [11], S. 14–16.

Die ausgewählte Szenarioanalyse fokussiert die Zukunft der Flughafenregion Berlin-Brandenburg als Wissenschafts- und Innovationsstandort im Jahr 2035 [10]. Dabei stehen die Fragen im Mittelpunkt, wie sich die Flughafenregion bis zum Jahr 2035 als Standort für Wissenschaft und Innovation profilieren kann sowie ob und welche Optionen für Spezialisierungspfade in den Bereichen Wirtschaft und Wissenschaft möglich sind. Die Umsetzung dieser Szenarioanalyse erfolgte im Jahr 2021/2022 im Rahmen des Transferprojektes Innovation Hub 13 und kann über die Website https://innohub13.de/regionalforesight/ abgerufen werden.

Die im Rahmen des partizipativen Szenarioanalyseprozesses entwickelten Zukunftsbilder, inklusive der damit einhergehenden Chancen und Risiken, zielen darauf ab, Akteure aus Wissenschaft, Wirtschaft und Kommunalverwaltung der Region für verschiedene mögliche Zukünfte zu sensibilisieren und bieten eine Basis für die Entwicklung strategischer Handlungsansätze zur Profilierung der Region. Die regionalen Akteure waren in die verschiedenen Phasen des Szenarioanalyseprozesses involviert, um unterschiedliche Perspektiven transparent zu machen und einen Austausch zu fördern. Dies soll dazu beitragen, ein gemeinsames Verständnis für die Zukunft zu schaffen, als Grundlage für koordiniertes Handeln [10], S. 3–5.

6.2.1 Einflussanalyse Szenarioanalyse Flughafenregion BER

Im Rahmen eines online durchgeführten Workshops sammelten und systematisierten 28 ausgewählte Teilnehmende aus Wirtschaft, Wissenschaft, Kommunalverwaltung und Politik Faktoren, die die Entwicklung der Flughafenregion beeinflussen. Weiterhin wurde eine Zuordnung der Einflussfaktoren zu Einflussbereichen vorgenommen. Im Ergebnis wurden 35 Einflussfaktoren ermittelt (Tab. 6.1), die den Bereichen Wirtschaft, Technologie, Wissenschaft, Soziales, Ökologie, Politik und Recht zugeordnet werden können [10],

Tab. 6.1 Einflussfaktoren Szenarioanalyse Flughafenregion BER [10], S. 16

„Einflussbereich Wirtschaft**	
1	Umfang und Art internationaler Flugverbindungen
2	Ansiedlung großer Unternehmen
3	Unternehmensgründungen in Wirtschaftsbereichen und Clustern
4	Verfügbarkeit hoch qualifizierter Fachkräfte in unterschiedlichen Berufsgruppen
5	Verfügbarkeit von Gewerbeflächen
6	Leistungsangebote der Technologiezentren
7	Kooperationsfähigkeit von Wissenschaft und Wirtschaft
8	Regionale Nachfrage aus den Bereichen Verkehr und Logistik
9	Entwicklung der Automobilindustrie in der Region
10	Regionale Nachfrage aus dem Bereich Gesundheit
Einflussbereich Technologie	
11	Entwicklung von Batterietechnik in der Region
12	Transfer von Wasserstofftechnologien in die Region
13	Schwerpunkte der Technologieentwicklung in der Region im Bereich Life Sciences
14	Schwerpunkte der Technologieentwicklung in der Region im Bereich Optik und Photonik
15	Schwerpunkte der Technologieentwicklung in der Region im Bereich Künstliche Intelligenz
Einflussbereich Wissenschaft	
16	Ansiedlung von Wissenschaftseinrichtungen
17	Passfähigkeit der Wissenschaftspotenziale zu Wirtschaftsbereichen
18	Strahlkraft von Wissenschaftseinrichtungen
19	Einbindung der Zivilgesellschaft
Einflussbereich Soziales	
20	Grad und Art der Beteiligung der Bevölkerung an regionalen Entwicklungsprozessen
21	Arbeitsbedingungen in der Region
22	Qualität des Wohnens in der Region
23	Veränderungsbereitschaft von Bürger*innen
24	Werte und Normen bezogen auf ökologische Nachhaltigkeit
Einflussbereich Ökologie	
25	Möglichkeiten der Flächennutzung
26	Umweltbelastungen durch Pendlerverhalten
27	Fluglärmbelastung
Einflussbereich Politik	
28	Qualität der Zusammenarbeit zwischen Kommunen
29	Veränderungsbereitschaft kommunalpolitischer Akteure
30	Politik der Länder im Hinblick auf Unternehmensansiedlungen
31	Politik der Länder im Hinblick auf die Verkehrsinfrastruktur
32	Ausrichtung der Innovationsförderung der Länder
33	Ausmaß der Beteiligung regionaler Akteure an der Innovationsförderung des Bundes
Einflussbereich Recht	
34	Rechtlicher Rahmen für kommunale Flächennutzung
35	Vorgaben des Bundes und der Länder zur Reduktion des CO_2-Ausstoßes"

S. 16. Voraussetzung für die Ermittlung der Einflussfaktoren ist ein profundes Verständnis zum Untersuchungsgegenstand. Dazu wird auch auf eine dem Prozess vorgelagerte Analyse verwiesen [4], die umfangreiche Aussagen zum Status Quo umfasst [12].

Die Vielzahl der Anzahl an Einflussfaktoren wird in einem nächsten Schritt reduziert. Dies erfolgt im Rahmen einer Einflussanalyse [13], S. 33–37, sodass Schlüsselfaktoren identifiziert werden können, die die Grundlage für die Entwicklung von Zukunftsprojektionen und Szenarien bildeten. Es wird geprüft, ob und in welchem Ausmaß ein Faktor einen anderen Faktor beeinflusst, und die Einflussnahme bzw. das Ausmaß der Beeinflussung bewertet. Die Bewertungsskala reicht z. B. von „kein Einfluss" (0) bis „starker Einfluss" (3). Faktoren, die alle anderen Faktoren in einem hohen Maß beeinflussen und auch selbst stark beeinflusst werden, werden als Schlüsselfaktoren ausgewählt, da Veränderungen dieser Faktoren Auswirkungen haben auf andere Faktoren und umgekehrt und sie somit stark vernetzt sind im Gesamtsystem der Einflussfaktoren.

Die nachfolgende Tab. 6.2 zeigt einen Auszug aus der Einflussanalyse, die für die Szenarioanalyse dokumentiert wurde [10], S. 48. Auffällig ist, dass die Bewertung in der Dokumentation nicht begründet wurde und insofern auch nicht in vollem Umfang plausibilisiert werden kann. Eine Dokumentation der einzelnen Bewertungsschritte würde den Erstellungsaufwand der Szenarioanalyse stark erhöhen, sodass die Bewertung oftmals durch Diskussion innerhalb des Szenarioteams erfolgt und das Ergebnis letztlich stark vom Szenarioteam abhängt.

Tab. 6.2 Einflussanalyse (Auszug) Szenarioteam [10], S. 48

Wie stark beeinfluss Faktor A (Spalte) Faktor B (Zeile)?						
		1	2	3	4	..
		Umfang und Art internationaler Flugverbindungen	Ansiedlung großer Unternehmen	Unternehmensgründungen in Wirtschaftsbereichen und Clustern	Verfügbarkeit hochqualifizierter Fachkräfte in unterschiedlichen Berufsgruppen	
1	Umfang und Art internationaler Flugverbindungen		1	0	0	..
2	Ansiedlung großer Unternehmen	2		2	2	..
3	Unternehmensgründungen in Wirtschaftsbereichen und Clustern	0	0		0	..
4	Verfügbarkeit hochqualifizierter Fachkräfte in unterschiedlichen Berufsgruppen	0	2	1		..
..		..	..	..	..	

6.2.2 Entwicklung von Zukunftsprojektionen

Nach der Einflussanalyse erfolgt für jeden Schlüsselfaktor die Ableitung von möglichen Zukunftsprojektionen. Dabei ist es erforderlich, Projektionen abzuleiten, die unterschiedliche Entwicklungen beschreiben und nicht nur eine Fortschreibung der aktuellen Situation darstellen. In diesem Sinne handelt es sich dabei auch um einen kreativen Schritt, da auch ungewöhnlichere Entwicklungen in den Projektionen abgebildet werden sollten. In der Szenarioanalyse Flughafenumfeld BER 2035 wurden Projektionen mit den beteiligten Stakeholdern partizipativ entwickelt und durch das Szenarioteam aufwendig konsolidiert [10] (S. 18–19).

Für den Schlüsselfaktor „Veränderungsbereitschaft der Bürger*innen", wurden z. B. drei Projektionen abgeleitet: (1) Community Science im Thema Nachhaltigkeit, (2) Bürgerinitiativen blockieren Innovationsdynamik und (3) Veränderungsbereitschaft zur Energieeinsparung aufgrund Kostendrucks [12] (S. 19). Die verschiedenen Projektionen aller ausgewählter Schlüsselfaktoren bilden schließlich die Grundlage für die Bündelung von Szenarien.

6.2.3 Entwicklung von Szenarien

Die Entwicklung plausibler Szenarien erfordert die Bündelung von Zukunftsprojektionen, die zueinander widerspruchfrei – also konsistent – sind. In der Konsistenzanalyse [10] wurde deshalb für jede Zukunftsprojektion geprüft, ob und in welchem Maße Zukunftsprojektionen gemeinsam in einem Szenario auftreten können, ohne sich gegenseitig auszuschließen. Der paarweise Vergleich führt zu einem tiefergehenden Verständnis der Zusammenhänge zwischen den Zukunftsprojektionen und ist somit der wesentliche Schritt, um schlussendlich zu Szenarien zu gelangen [10], S. 19. Letztlich wurden über den Schritt der Konsistenzanalyse zwei explorative Zukunftsszenarien abgeleitet [10], S. 20, die in einem nächsten Schritt in eine kommunizierbare Form überführt werden müssen.

6.2.4 Szenariokommunikation

Die Szenarien, die in diesem Beispiel entwickelt wurden, unterscheiden sich von traditionellen „best case"- und „worst case"-Szenarien, da sie zwei verschiedene mögliche Zukünfte skizzieren, die auf den Projektionen der am Prozess beteiligten Stakeholder basieren und unterschiedlich ausgestaltet sind. Um die Diskussion über mögliche Handlungsstrategien anzuregen, hat das Szenarioteam die Darstellung der Szenarien bewusst kreativ überzeichnet. Die beiden Szenarien „Zentral gesteuerte Industrialisierung" und „Dezentrale Spezialisierung bottom-up" werden ausformuliert und mit Bildern beschrieben, die sehr spezifisch auf die Region, den Kontext und die Analyseergebnisse des partizipativen Verfahrens zugeschnitten sind und zum Dialog anregen [10], S. 21–34.

6.3 Entwicklung von Szenarien mithilfe von ChatGPT 4.0

Ausgehend von der vorliegenden Szenarioanalyse sollen nun ausgewählte Prozessschritte mithilfe von ChatGPT 4.0 oder ChatGPT 4.0 Turbo bearbeitet werden. Es werden sowohl ausgewählte Prompts als auch eine Einschätzung zu den Ergebnissen der textgenerierenden KI vorgestellt und eingeordnet. Aufgrund unterschiedlicher Ansätze, wie Szenarien entwickelt werden können, wurde zunächst der Versuch unternommen, eine Definition und methodische Vorgehensweise mithilfe von ChatGPT zu generieren. Die Definition und der Vorschlag zur methodischen Vorgehensweise durch ChatGPT weisen hohe Übereinstimmungen mit Definitionen aus der Literatur auf. Zudem können auch ausgewählte Prozessschritte, wie z. B. eine Einflussanalyse durch die Künstliche Intelligenz, in geeigneter Form erläutert und eingeordnet werden.

Prompt *Definiere die Methode Szenarioanalyse als eine Methode der strategischen Vorausschau.*

ChatGPT 4.0 gelingt es bereits nach diesem Prompt eine schlüssige Definition zu generieren. Ein Vergleich der durch die KI vorgeschlagenen Definition und methodischen Vorgehensweise (Prozess) zeigt hohe Übereinstimmungen mit den in der Literatur [4, 5, 13] diskutierten Ansätzen und auch Ziele einer Szenarioanalyse sind schlüssig generiert und zusammengestellt. Auch ChatGPT verweist auf die Möglichkeit, mit einer Szenarioanalyse Unsicherheiten zu reduzieren, Strategieoptionen zu entwickeln oder Risiken zu minimieren. Auch der durch die KI vorgeschlagene Prozess der Entwicklung von Szenarien entspricht den üblichen Vorgehensweisen in der praktischen Anwendung und beinhaltet u. a. die Definition des Untersuchungsgegenstandes, die Identifikation von Schlüsselfaktoren, Trends und Unsicherheiten sowie die Erstellung von plausiblen Szenarien. Darüber hinaus wird auch auf die Strategieentwicklung, die Implementierung von konkreten Maßnahmen und ein kontinuierliches Monitoring verwiesen.[1]

Auch die Ergebnisse des **Prompts:** *Was sind partizipative Szenarioanalysen?* zeigen eine hohe Übereinstimmung zur Szenarioanalyse Flughafenregion BER [12]. Die KI empfiehlt den Einbezug unterschiedlicher Stakeholder, um verschiedene Perspektiven in der Analyse zu berücksichtigen. Sie verweist auf das gemeinsame Erarbeiten von Szenarien auf der Grundlage einer Status Quo-Betrachtung. Weiterhin werden Workshops und Möglichkeiten der Bewertung von Präferenzen durch die beteiligten Stakeholder empfohlen. Auch diese Elemente lassen sich in der vorliegenden Szenarioanalyse zur Flughafenregion BER wiederfinden.[2]

---

[1] OpenAI's ChatGPT 4.0 Sprachmodell, Auszug aus Antwort auf Frage der Autorin, paraphrasiert, 22.05.24.

[2] OpenAI's ChatGPT 4.0 Sprachmodell, Auszug aus Antwort auf Frage der Autorin, paraphrasiert, 22.05.24.

6.3.1 Einflussanalyse mit ChatGPT 4.0

Der erste Schritt einer Einflussanalyse ist die Sammlung von Einflussfaktoren aus verschiedenen Bereichen [13], S. 33–37. Auf der Grundlage der nachfolgenden Prompts konnten die in (siehe Tab. 6.1) dargestellten Einflussfaktoren ermittelt werden.

Prompt *Es wird eine Szenarioanalyse zur Entwicklung der Flughafenregion als Wissenschafts- und Innovationsstandort BER für das Jahr 2035 entwickelt. Welche Einflussfaktoren sind für die aktuelle und zukünftige Entwicklung der Flughafenregion relevant?*

ChatGPT 4.0 strukturiert die Ergebnisse zunächst nach den Einflussbereichen Verkehrsinfrastruktur, wirtschaftliche Rahmenbedingungen, Bildungs- und Forschungseinrichtungen, Büro- und Gewerbeflächen, regulatorische- und politische Rahmenbedingungen, Soziales, technologische Entwicklungen sowie Umwelt und Nachhaltigkeit.[3] Damit ähneln die Bereiche auch den Einflussbereichen in der Szenarioanalyse Flughafenumfeld BER 2035 sehr stark.

Jedem Einflussbereich werden durch ChatGPT unterschiedliche Einflussfaktoren zugeordnet. Von den vorgeschlagenen 20 Einflussfaktoren lassen sich 10 auch in ähnlicher Form in der Liste der Einflussfaktoren aus der Szenarioanalyse Flughafenregion BER 2035 wiederfinden, z. B. „Kooperation zwischen Unternehmen mit Bildungs- und Forschungseinrichtungen" (generiert durch ChatGPT) entspricht dem Einflussfaktor „Kooperationsfähigkeit von Wissenschaft und Wirtschaft" aus der partizipativen Szenarioanalyse. Der Einflussfaktor „Präsenz und Qualität von Hochschulen" (generiert durch ChatGPT) entspricht den Faktoren „Strahlkraft von Wissenschaftseinrichtungen" und „Ansiedlung von Wissenschaftseinrichtungen" (siehe Tab. 6.1).

Die Sammlung der Einflussfaktoren in einem partizipativen Ansatz mit unterschiedlichen Akteur*innen ist teilweise spezifischer als die KI-generierten Einflussfaktoren, dennoch lassen sich bei mehr als der Hälfte der Faktoren Übereinstimmungen erkennen.

Für die an die Sammlung der Faktoren anschließende Einflussanalyse mit der Künstlichen Intelligenz wurde für jede Bewertung ein Prompt formuliert und zuvor frei zugängliche Informationen zum Untersuchungsgegenstand in das System eingegeben. Für die Überprüfung der Möglichkeiten und Grenzen einer Einflussanalyse mit ChatGPT werden ausgewählte Faktoren der Szenarioanalyse des Szenarioteams bewertet, um eine Vergleichbarkeit herzustellen. Zudem wurde in der KI die gleiche Bewertungsskala genutzt wie in der ursprünglichen Szenarioanalyse, wie im nachfolgenden Prompt deutlich wird.

Prompt *Wie stark beeinflusst der Faktor „Umfang und Art internationaler Flugverbindungen" den Faktor „Ansiedlung großer Unternehmen" auf einer Skala von 0 = kein Einfluss, 1 = schwacher, verzögerter Einfluss, 2 = mittlerer Einfluss bis 3 = starker, direkter Einfluss?*

---

[3] OpenAI's ChatGPT 4.0 Sprachmodell, Auszug aus Antwort auf Frage der Autorin, 22.05.24.

Tab. 6.3 Einflussanalyse (Auszug) mit ChatGPT 4.0 Turbo

Wie stark beeinfluss Faktor A (Spalte) Faktor B (Zeile)? (Bewertung mit ChatGPT 4.0 Turbo)		1	2	3	4	..
		Umfang und Art internationaler Flugverbindungen	Ansiedlung großer Unternehmen	Unternehmensgründungen in Wirtschaftsbereichen und Clustern	Verfügbarkeit hochqualifizierter Fachkräfte in unterschiedlichen Berufsgruppen	
1	Umfang und Art internationaler Flugverbindungen		3	2	2	..
2	Ansiedlung großer Unternehmen	2		2	3	..
3	Unternehmensgründungen in Wirtschaftsbereichen und Clustern	1	2		3	..
4	Verfügbarkeit hochqualifizierter Fachkräfte in unterschiedlichen Berufsgruppen	1	3	3		..
..		..	..	..	..	

rote Kennzeichnung = Übereinstimmung Szenarioteam und ChatGPT

ChatGPT 4.0 schlägt für dieses Beispiel eine Bewertung mit dem Faktor 3 (starker, direkter Einfluss) vor, begründet diese Entscheidung ausführlich und fasst die Ergebnisse auch pointiert zusammen. Die Begründungen sind schlüssig, differenziert und umfassen u. a. Hinweise zur Notwendigkeit der Erreichbarkeit von Märkten durch große Unternehmen, zur Effizienz von Logistikprozessen aber auch die Attraktivität des Standorts mit internationalen Flugverbindungen für hoch qualifizierte Fachkräfte wird benannt.[4]

Eine Abfrage der weiteren Faktoren im Rahmen der Einflussanalyse ergibt letztlich die in der nachfolgenden Tabelle (Tab. 6.3) aufgeführten Bewertungen.

Die Abfrageergebnisse in ChatGPT zeigen überwiegend ein abweichendes Ergebnis zu den Ergebnissen der Einflussanalyse ohne ChatGPT. Die KI gibt Einordnungen und Erläuterungen an, sodass die Einschätzungen nachvollziehbar werden. Letztlich kann die KI hier eine Entscheidungshilfe sein, da sie Zusammenhänge und auch verschiedene Perspektiven aufzeigt, die jedoch weiterhin kritisch durch das Szenarioteam geprüft werden sollten. Darüber hinaus ist es auch möglich, tiefergehend mit der KI zu interagieren, z. B. durch die Eingabe weiterer Informationen zum Kontext der Analyse. Vor dem Hintergrund der Eingabeinformationen sind die durch die KI generierten Ergebnisse und Erläuterungen in diesem Beispiel insgesamt plausibel.

---

[4] OpenAI's ChatGPT 4.0 Sprachmodell, Auszug aus Antwort auf Frage der Autorin, paraphrasiert, 22.05.24.

Es kann festgestellt werden, dass die KI das Erkennen von Zusammenhängen und Abhängigkeiten stark unterstützt. Vorteilhaft ist die Einordnung der Ergebnisse anhand der vorgegebenen Skala von 0 bis 3. Die Bewertung der Einflüsse der Faktoren ohne KI hängt hingegen stark vom Verständnis des Szenarioteams ab und kann auch subjektiv erscheinen. Aufgrund des hohen Erstellungsaufwands wird in der praktischen Anwendung ohne KI häufig auf eine detaillierte Begründung der einzelnen Bewertungen in der häufig sehr umfangreichen Einflussmatrix verzichtet, wie auch im vorliegenden Beispiel, was Nachvollziehbarkeit und Transparenz beeinträchtigt. Hier kann ChatGPT von großem Nutzen sein, wenn es das Ziel ist, die Bewertungen innerhalb der Einflussmatrix im Szenarioteam zu reflektieren, zu diskutieren, zu begründen und letztlich auch zu dokumentieren.

6.3.2 Entwicklung von Zukunftsprojektionen mit ChatGPT4.0

Ein weiterer wesentlicher Schritt im Rahmen von Szenarioanalysen ist die Ableitung von möglichen Zukunftsprojektionen für die in der Einflussanalyse ermittelten Schlüsselfaktoren. An dieser Stelle soll beispielhaft der Versuch unternommen werden, Projektionen für das Jahr 2035 für den Schlüsselfaktor **„Veränderungsbereitschaft von Bürger*innen"** zu generieren.

Prompt *„Veränderungsbereitschaft von Bürger*innen" ist ein Schlüsselfaktor in der Szenarioanalyse Zukunft der Flughafenregion BER im Jahr 2035. Was sind mögliche Projektionen für diesen Faktor für das Jahr 2035?*

ChatGPT 4.0 Turbo listet verschiedene Projektionsvorschläge auf, die z. B. ein erhöhtes Umweltbewusstsein und nachhaltige Lebensstile der Menschen thematisieren oder nachhaltigkeitsbezogene Community Events. Weiterhin werden Projektionen benannt, die die Akzeptanz technologischer Innovationen durch die Gesellschaft aufgreifen. Ein weiterer Prompt, mit der Frage nach negativen Projektionen für diesen Schlüsselfaktor, hat ebenfalls zu verschiedenen Vorschlägen und Kurzbeschreibungen geführt. Die mit der KI erzielten Ergebnisse sind durchgängig plausibel und nachvollziehbar.

Das Szenarioteam hat ohne den Einsatz der KI eine Projektion entwickelt, mit dem Titel „Community Science im Thema Nachhaltigkeit" [10], S. 19, die ebenfalls auf ein erhöhtes Umweltbewusstsein der Bürger*innen abhebt, ähnlich wie die in der KI generierten Projektion „Erhöhtes Umweltbewusstsein". Auch zur Projektion „Bürgerinitiativen blockieren Innovationsdynamik" lassen sich Entsprechungen in den Vorschlägen der KI finden.

Es werden in diesem Beispiel im direkten Vergleich stark ähnliche Projektionen entwickelt; wobei die KI stärker beschreibt und verschiedene Vorschläge unterbreitet, die für die weitere Verarbeitung im Rahmen einer Szenarioanalyse konsolidiert werden müssen. Nachteilig ist eine starke Verallgemeinerung durch die KI, sodass die Gefahr besteht, den spezifischen regionalen Fokus der Analyse aus dem Blick zu verlieren.

6.3.3 Erstellung von Szenarien mit ChatGPT

An dieser Stelle werden Projektionen der unterschiedlichen Schlüsselfaktoren zu konsistenten Szenarien gebündelt. In diesem Beispiel wurde die KI mit den Rohszenarien des Szenarioteams konfrontiert; die KI ist daraufhin in der Lage, die Szenarien zu beschreiben und auszuformulieren.

Analog zum Vorgehen bei der Einflussanalyse wäre es auch hier möglich, ChatGPT zu nutzen, um das gemeinsame Auftreten von zwei Projektionen in einem Szenario zu begründen. Dazu kann folgender Prompt generiert werden:

Prompt *Sind die folgenden zwei Projektionen in einem Szenario widerspruchsfrei: (1) Zusammenbruch der Kooperationen Wissenschaft und Wirtschaft und (2) Entstehung eines Forschungszentrums zur Automobilneuentwicklung?*

Die KI verweist nun auf die Widersprüchlichkeit und analysiert sehr differenziert Gründe für die Inkonsistenz. Die generierten Ergebnisse sind in diesem Beispiel plausibel; Gleiches gilt für weitere beispielhafte Prüfungen des gemeinsamen Auftretens von Projektionen in einem Szenario.

Insofern besteht durchaus das Potenzial, die KI zu nutzen, um Projektionen widerspruchsfrei zu Szenarien zu bündeln oder die im Szenarioteam entwickelten Szenarien im Hinblick auf ihre Widerspruchsfreiheit zu prüfen und zu diskutieren. Liegen widerspruchsfreie Projektionen gebündelt bereits vor (Rohszenarien), kann ChatGPT genutzt werden, um Szenarien zu beschreiben. Für die Erstellung einer Szenariobeschreibung wurde der nachfolgende Prompt genutzt.

Prompt *Stell dir vor, du entwickelst Szenarien für die Flughafenregion BER für das Jahr 2035.*
Erstelle ein anschauliches Szenario, das folgende Projektionen berücksichtigt: 1. Schwerpunkt der Technologieentwicklung liegt im Bereich KI für Public Health, 2. Die Region entwickelt sich zu Europas führender Elektromobilitätsregion, 3. Bürger*innen engagieren sich stark für das Thema der ökologischen Nachhaltigkeit, 4. es gibt einen Ausgründungsboom, 5. der Mobilitätsausbau im ländlichen Raum gelingt zu 100 % [10], (S. 20, Auszug aus Rohszenario 2).

Auf dieser Grundlage schlägt die KI eine eingängige Überschrift vor und formuliert entlang der vorgegebenen Projektionen ein Szenario. In diesem Beispiel wird deutlich, dass ChatGPT auf der Grundlage von Rohszenarien Szenarien sinnvoll ausformulieren kann. Dies kann dann eine geeignete Grundlage für das Szenarioteam sein, um die Szenarien weiter zu schärfen und auch stärker auf den regionalen Kontext und den adressierten Zukunftshorizont zuzuschneiden und Inhalte, die in partizipativen Workshops diskutiert werden, zu berücksichtigen und zu ergänzen. Insgesamt sind die durch ChatGPT generierten Beschreibungen schlüssig, jedoch wieder sehr allgemein und wenig spezifisch auf die in der Analyse adressierte Region zugeschnitten.

6.3.4 Szenariokommunikation mit ChatGPT

Im Anschluss an die Bildung der Szenarien erfolgt die Szenariokommunikation. ChatGPT bietet hierbei Unterstützung, indem die KI hilft, zielgruppenspezifische Kommunikationsformate zu gestalten.

ChatGPT ist in der Lage, z. B. einen Zeitungsartikel aus dem Jahr 2035 zu verfassen, Vorschläge für Beiträge auf Social Media-Plattformen im Jahr 2035 zu erstellen oder einen Chatverlauf zwischen fiktiven Charakteren zu erzeugen oder Tagesabläufe von Protagonisten in der Zukunft abzubilden, unter Berücksichtigung der zuvor erstellten Informationen aus den Projektionen. Die durch die KI generierten Beispiele der Szenariokommunikation können in einem nächsten Schritt durch das Szenarioteam weiterentwickelt, kreativer und spezifischer ausgestaltet werden.

Durch die Nutzung von bildgenerierender KI wäre es auch möglich, Bilder zu erstellen, die die in den Szenarien beschriebenen Inhalte veranschaulichen, auch wenn im Hinblick auf Kreativität und Qualität hier aktuell noch Grenzen in den Möglichkeiten der bildgenerierenden KI bestehen. Außerdem besteht die Gefahr von Urheberrechtsverletzungen, wenn Bilder oder Teileelemente aus vorhandenen Bildern von ChatGPT genutzt werden.

6.4 Diskussion und Fazit

Die Auseinandersetzung mit ChatGPT 4.0 hat gezeigt, dass es möglich ist, komplexe Szenarioanalysen mithilfe von Künstlicher Intelligenz sinnvoll zu unterstützen. Die mit der KI generierten Ergebnisse sind in dem vorgestellten Beispiel plausibel und die Umsetzung von Teilschritten der Szenarioanalyse gelingt sehr schnell, ohne ausgeprägte Erfahrungen im Umgang mit der KI. Standardisierte Abfragen, wie sie z. B. im Rahmen der Einflussanalyse erfolgen, auch entlang zuvor definierter Skalierungen, sind gut umsetzbar mit ChatGPT. Die KI kann auch dazu beitragen, Zusammenhänge zu hinterfragen und besser zu verstehen. Aufgrund der durch das System generierten Begründungen für Bewertungen, können Zwischenergebnisse gut nachvollzogen und dokumentiert werden. Dies gelingt deutlich schneller und in größerem Umfang als ohne den Einsatz der KI.

Umgang mit Quellen Wenig überraschend sind die noch unzureichenden Quellenbezüge – auch im Kontext einer Szenarioanalyse – problematisch. Texte, die sich an wissenschaftlichen Standards orientieren und Transparenz im Hinblick auf die Arbeit mit Quellen sicherstellen müssen, sind noch nicht zuverlässig generierbar (Stand: 05/2024). Im Kontext einer Szenarioanalyse ist der Quellenbezug insbesondere im Zusammenhang mit einer umfassenden Beschreibung der Ausgangssituation (Status Quo) unerlässlich. In der in diesem Beitrag adressierten Szenarioanalyse sind zudem regionale Daten, z. B. Statistiken zu Anzahl und Art von Unternehmen in der Region, erforderlich, die zudem einen hohen Aktualisierungsgrad aufweisen müssen. Die Prüfung der Datenherkunft oder Datenvergleichbarkeit ist in diesem Beispiel nicht mithilfe der KI möglich. Dies ist insofern eine klare Grenze des Einsatzes der KI, da gerade die Güte der qualitativen Informationen und quantitativen Daten sowie deren Bewertung als Ausgangspunkt für die daran anschließende Szenarioanalyse stark erfolgskritisch sind. Zudem sind die Daten, mit denen die KI trainiert wurde, nicht aktuell; kurzfristige oder aktuelle Ereignisse kann die KI somit nicht berücksichtigen.

Datenschutz und Urheberrecht Szenarioanalysen sind eine Methode der strategischen Vorausschau und damit verbundene Informationen in Unternehmen sind in der Regel vertraulich. Allein die Formulierung einer Szenariofragestellung oder auch die Generierung von Texten zu spezifischen Technologietrends lassen im Zweifel Rückschlüsse auf Strategieoptionen zu, sodass es in Unternehmen und anderen Organisationen aus Gründen der Datenschutzes und der Datensicherheit nicht zulässig sein kann, auf KI wie ChatGPT zurückzugreifen. Hier müssen Unternehmen und Organisationen sorgfältig auswählen, welche Themen mit der KI bearbeitet werden dürfen, und Mitarbeiter*innen entsprechend sensibilisieren. Insbesondere vor dem Hintergrund der Europäischen Datenschutzgrundverordnung (DSGVO) und der Komplexität datenschutzrechtlicher Fragestellungen im Zusammenhang mit Künstlicher Intelligenz gibt es bei der Nutzung von ChatGPT noch viele offene Fragen. Aufgrund der fehlenden Angaben zu Quellen besteht zudem auch die Gefahr von Urheberrechtsverletzungen.

Einsatzmöglichkeiten Gut geeignet ist die Unterstützung von Szenarioanalysen mithilfe von KI für Themen, die geringere Anforderungen an die Datensicherheit stellen als im Unternehmenskontext. Dies betrifft z. B. den Einsatz der KI im Kontext der akademischen Lehre oder Managementqualifizierung. Hier kann mit Unterstützung der KI das grundsätzliche Verständnis zur Methode Szenarioanalyse verbessert werden und das Tool auch genutzt werden, um neue, bisher unbekannte Themenfelder „aufzuschließen", bevor umfassende und weitergehende Literaturrecherchen umgesetzt werden. Dabei hat die KI den Vorteil der systematischen Ergebnisdarstellung, anders als Suchmaschinen. Dennoch bleibt die unklare Quellenzuordnung auch für einen ersten thematischen Einstieg kritisch. In der akademischen Lehre können allgemeinere Themen, wie z. B. „Zukunft der Bildung", „Neue Mobilitätskonzepte" oder „Zukünftige Möglichkeiten der Gesundheitsversorgung im ländlichen Raum", eine Möglichkeit sein, um die methodische Vorgehensweise im Rahmen von Szenarioanalysen kennenzulernen, zu reflektieren und Methodenkompetenz aufzubauen. Dennoch muss die grundlegende Vorgehensweise bei Szenarioanalysen vor Einsatz der KI verstanden werden, um überhaupt geeignete Prompts zu generieren, den Prozess der Szenarioanalyse richtig abzubilden und die KI in geeigneten Prozessschritten einzubinden.

Einflussanalyse Die Sammlung und Bewertung von Einflussfaktoren im Rahmen der Einflussanalyse ist ein sehr wesentlicher Schritt im Rahmen der Szenarioanalyse und zugleich sehr aufwendig. Die KI kann sowohl bei der Sammlung von Einflussfaktoren unterstützen, aber insbesondere auch Zusammenhänge in der Bewertung der Einflussfaktoren herstellen und das vorgeschlagene Ergebnis auch erläutern. In dem hier aufgeführten Beispiel konnten plausible Ergebnisse erzielt werden. KI kann auch dazu beitragen, einseitige Diskussionen im Szenarioteam zu vermeiden. Durch das Einbringen von bisher unberücksichtigten oder neuen Perspektiven kann die KI die Diskussionen innerhalb des Szenarioteams oder in größeren Gruppen anregen und in diesem Sinne auch bereichern.

Beschreibung von Szenarien und Szenariokommunikation Die KI ist in der Lage, auf der Grundlage der Eingabe von relevanten Projektionen (Projektionsbündel oder Rohszenarien) zusammenhängende Szenarien zu beschreiben. Die Kommunikation der entwickelten Szenarien spielt in Szenarioanalysen eine zentrale Rolle, insbesondere im Hinblick auf verschiedene Zielgruppen. In diesem Kontext ist es üblich, Narrative zu entwickeln, um eine gute Vorstellungskraft bei den Adressaten der Szenarioanalyse (z. B. Management in Unternehmen, Nutzer*innen, (potenzielle) Kundinnen und Kunden, Zivilgesellschaft) zu fördern. Die Entwicklung von Narrativen ist auf der Grundlage von eingegebenen Informationen sehr gut und effizient möglich mit ChatGPT. Wie auch in anderen Analyseschritten neigt auch hier ChatGPT dazu, zu verallgemeinern. Die durch das Szenarioteam in einem partizipativen Ansatz entwickelten Szenarien und Narrative zu den Szenarien sind erneut spezifischer auf die Region zugeschnitten und enthalten stärker ungewöhnliche, überraschende und auch bewusst überzeichnete Elemente. Dennoch könnte ChatGPT genutzt werden, um z. B. die durch das Szenarioteam entwickelten Narrative auf unterschiedliche Zielgruppen zuzuschneiden oder in andere Kommunikationsformate zu überführen.

Die Ergebnisse von ChatGPT basieren auf gelernten Mustern und Strukturen. Letztlich spielen bei der Ableitung von Handlungsempfehlungen und Konsequenzen auf der Grundlage von Szenarien oder bei der Konzeption eines partizipativen Workshopformats im Rahmen des Prozesses auch persönliche Erfahrungen von Personen des Szenarioteams eine Rolle, die KI nicht berücksichtigen kann.

Weiterhin ist auffällig, dass die KI dazu neigt, Informationen zu verallgemeinern, sodass die Ergebnisse stark austauschbar erscheinen.

Eine differenzierte, spezifische und aktuelle Beschreibung des Status Quo (Ausgangssituation) ist mit der KI nicht möglich – schon vor dem Hintergrund der Anforderungen an die Aktualität von Daten und Informationen. ChatGPT kann bei einzelnen Prozessschritten, z. B. im Rahmen der Einflussanalyse, Projektionsbildung und auch in der Szenariokommunikation, unterstützen und auch mit neuen Perspektiven die Analyse verbessern und beschleunigen. Darüber hinaus leistet ChatGPT Unterstützung in der Konzeption von partizipativen Workshopformaten, indem z. B. – wenn auch allgemein – ein geeigneter Teilnehmendenkreis oder möglicher Ablauf vorgeschlagen wird.

In der nachfolgenden Tabelle werden die erkannten Möglichkeiten und Grenzen bei der Erstellung einer Szenarioanalyse anhand des ausgewählten Beispiels zusammenfassend gegenübergestellt (Tab. 6.4).

Tab. 6.4 Möglichkeiten, Nutzen und Grenzen des Einsatzes von ChatGPT in Szenarioanalysen (Stand: 05/2024)

Schritt in der Szenarioanalyse	Möglichkeiten des Einsatzes von ChatGPT 4.0 (Stand: 05/2024)	Nutzen für die Anwender*innen von ChatGPT 4.0 (Stand: 05/2024)	Grenzen des Einsatzes von ChatGPT 4.0 (Stand: 05/2024)
Konzeption der Vorgehensweise partizipative Szenarioanalyse	• Zusammenfassende Darstellung zum Vorgehen bei Szenarioanalysen generell und partizipativen Szenarioanalysen im Besonderen • Vorschläge zur Gestaltung von partizipativen Workshops	• Entwicklung eines ersten Verständnisses zur Methode und zu Teilschritten der Szenarioanalyse • Entwicklung einer konkreten methodischen Vorgehensweise, inkl. Vorschlägen zum zeitlichen Ablauf	• keine/unpräzise Quellenverweise, die Prüfung der Texte ermöglichen würden • Gefahr der Urheberrechtsverletzung, da z. B. die Herkunft der aufgeführten Definitionen unklar ist
Beschreibung der Ausgangssituation und des Untersuchungsgegenstandes	• allgemeine Beschreibung von Branchen, Entwicklungsstand von Technologien und mögliche Anwendungsfeldern • allgemeine Beschreibung gesellschaftlicher Trends in gut aufbereiteter Form • allgemeine Beschreibung der vorherrschenden Branchen in der Flughafenregion • beispielhafte Benennung von Unternehmen	• erster Einstieg in das Themenfeld möglich	• Datenaktualität nicht gewährleistet • Datenherkunft nicht nachvollziehbar • spezifische Informationen, z. B. Unternehmensdaten für die gewählte Region, liegen nicht vor • keine/unpräzise Quellenverweise • Vorbehalte beim Eingeben von Kontextinformationen aufgrund von Datensicherheitsbedenken
Sammlung von Einflussfaktoren	• umfangreiche Darstellung von Einflussfaktoren, inkl. Erläuterungen zu den Einflussfaktoren und Begründungen zur Auswahl der Einflussfaktoren	• Sammlung von Einflussfaktoren aus unterschiedlichen Einflussbereichen wird unterstützt • Zuordnung zu Einflussbereichen und Beschreibung der Einflussfaktoren durch die KI unterstützt die Dokumentation • Einflussfaktoren können auch aus Kontextinformationen generiert werden • Vorschläge von ChatGPT können als Inspirationsquelle genutzt und weiterentwickelt sowie spezifiziert werden	• keine/unpräzise Quellenverweise • Vorbehalte beim Eingeben von Kontextinformationen aufgrund von Datensicherheitsbedenken

(Fortsetzung)

Tab. 6.4 (Fortsetzung)

Schritt in der Szenarioanalyse	Möglichkeiten des Einsatzes von ChatGPT 4.0	Nutzen für die Anwender*innen von ChatGPT 4.0	Grenzen des Einsatzes von ChatGPT 4.0
Durchführung einer Einflussanalyse	• Bewertung der Stärke des Einflusses zwischen zwei Faktoren anhand einer Skala, z. B. 0 = kein Einfluss bis 3 (starker, direkter Einfluss) möglich • Bewertung wird durch die KI begründet und eingeordnet und auch auf Grenzen in der Einordnung verwiesen	• verbesserte Dokumentation der Bewertung der Einflussanalyse durch Protokollierung von Begründungen für die einzelnen Bewertungen • u. U. Vermeidung/Verringerung von Subjektivität in der Bewertung • Entwicklung eines Verständnisses zum System der Einflussfaktoren • Aufbereitung der Einflussfaktoren auch in tabellarischer Form durch ChatGPT möglich • Unterstützung bei der Formatierung und Formeleingabe in Einflussanalysen, die in Excel erstellt werden (z. B. Befehle für Formatierungen und Summenbildung, Visualisierungen in Excel)	• eventuelle Eingabe von Kontextinformationen bei einigen Faktoren erforderlich • Vorbehalte beim Eingeben von Kontextinformationen aufgrund von Datensicherheitsbedenken
Entwicklung von Projektionen für ausgewählte Schlüsselfaktoren	• System schlägt unterschiedliche Projektionen vor	• Unterstützung in der Sammlung und Formulierung von Projektionen • Umfangreiche Sammlung an Projektionen möglich • Aufbereitung auch in tabellarischer Form durch ChatGPT möglich • Inspirationsquelle für das Szenarioteam	• keine Quellenzuordnung • Gefahr von Urheberrechtsverletzungen • Verallgemeinerung der Projektionen, Verlust des spezifischen thematischen und regionalen Fokus der Analyse • kaum überraschende/ungewöhnliche Projektionen

Bündelung von Szenarien	• Konsistenzcheck für das gemeinsame Auftreten von Projektionen in einem möglichen Szenario möglich • Ergebnisse der Prüfung werden durch das System ausführlich begründet und somit das Verständnis von Zusammenhängen durch das Szenarioteam unterstützt und/oder Diskussion angeregt	• Unterstützung in der Konsistenzanalyse • u. U. Verbesserung des Verständnisses zu Zusammenhängen	• hoher zeitlicher Aufwand durch wiederkehrende Eingaben; Überblick kann leicht verloren gehen
Szenariokommunikation	• Ausformulierung von Szenarien auf der Grundlage von Rohszenarien (Projektionsbündel) möglich	• signifikante Zeitersparnis • Vielfalt an Kommunikationsmöglichkeiten (z. B. Narrative, Social Media-Posts, Chatverläufe zwischen fiktiven Personen, Beschreibung von Tagesabläufen von fiktiven Personen u. ä.) • mögliche Inspirationsquelle oder Ausgangspunkt für weitergehende Szenariokommunikation	• Gefahr einer generischen Beschreibung, teilweise Verlust des regionalen Bezugs/der spezifischen regionalen Bedingungen • unterschiedliche Formen der Szenariokommunikation zwar möglich, aber inhaltlich wenig überraschend/wenig kreativ • Gefahr von Urheberrechtsverletzungen, da Textherkunft unklar

Literatur

1. Heger, T., & Rohrbeck, R. (2012). Strategic foresight for collaborative exploration of new business fields. *Technological Forecasting and Social Change, 79*(5), 819–831.
2. Iden, J., Methlie, L. B., & Christensen, G. E. (2017). The nature of strategic foresight research: A systematic literature review. *Technological Forecasting and Social Change, 116*, 87–97.
3. Rohrbeck, R., & Heger, T. (2021). Strategische Vorausschau: Systematisch Innovieren und neue Märkte kreieren. *Ideen-und Innovationsmanagement, 47*, 17–21.
4. Mietzner, D. (2009). *Strategische Vorausschau und Szenarioanalysen. Methodenevaluation und neue Ansätze.* (Gabler Research. Innovation und Technologie im modernen Management. Hrsg. G. Reger & D. Wagner, Wiesbaden 2009). Gabler.
5. Fink, A., Schlake, O., & Siebe, A. (2002). *Erfolg durch Szenario-Management, Prinzip und Werkzeuge der strategischen Vorausschau.* Campus.
6. Banholzer, V. M., & Fink, A. (2022). Szenario-Management als Tool der strategischen Unternehmenskommunikation. Erste Anwendungen, Perspektiven und Forschungsbedarfe. IKOM WP Vol. 3, No. 4/2022. Nürnberg: Technische Hochschule Nürnberg Georg Simon Ohm. https://doi.org/10.34646/thn/ohmdok-914
7. Gausemeier, J., Pfänder, T., & Lehner, A. C. (2017). Strategische Unternehmensführung mit Szenario-Management. In: Spath, D., Westkämper, E., Bullinger, HJ., Warnecke, HJ. (eds) Neue Entwicklungen in der Unternehmensorganisation. VDI-Buch. Springer Vieweg, Berlin, Heidelberg. https://doi.org/10.1007/978-3-662-55426-5_15
8. Backhaus, K., Roeder, N., Bunzemeier, H., Mohr, S., & Leifke, C. (2016). Strategische Zukunftsplanung mittels der Szenarioanalyse. *Der Pneumologe*, 1, 58–63.
9. Wright, G., Cairns, G., O'Brian, F. A., & Goodwin, P. (2019). Scenario analysis to support decision making in addressing wicked problems: Pitfalls and potential. *European Journal of Operational Research, 278*, 3–19.
10. Hartmann, F. (2022). Szenarioanalyse zur Zukunft der Flughafenregion Berlin-Brandenburg als Wissenschafts- und Innovationsstandort im Jahr 2035. https://innohub13.de/wp-content/uploads/Dokumentation_Szenarioanalyse-zur-Zukunft-der-Flughafenregion-Berlin-Brandenburg.pdf. Zugegriffen am 17.05.2024
11. Kerber, H., Schramm, E., & Winkler, M. (2014). Partizipative Szenarioverfahren – zur methodischen Ableitung von Zukunftsbildern. *Das Projekt SAUBER+ als Beispiel. ISOE-Materialien Soziale Ökologie*, 38. Frankfurt am Main: ISOE – Institut für sozial-ökologische Forschung.
12. Hartmann, F., & Mietzner, D. (2022). Die Flughafenregion Berlin-Brandenburg: Analyse des Status quo als Bestandteil einer Szenarioanalyse zur Zukunft der Region als Wissenschafts- und Innovationsstandort. Fast track to transfer (working paper series), No. 005, https://hdl.handle.net/10419/25134
13. Von Reibnitz, U. (2013). *Szenario-Technik: Instrumente für die unternehmerische und persönliche Erfolgsplanung.* Springer.

Teil IV
Kundenanalyse und Kundeninteraktion

Data Science und KI – made by Data Science und KI

Jens Kaufmann und Daniel Retkowitz

7.1 Einführung – Data Science, KI und ChatGPT

Dank der umfangreichen Berichterstattung in Fach- und Populärmedien zur technologischen Entwicklung in den vergangenen Monaten und Jahren ist hinlänglich bekannt, dass Data Science und Künstliche Intelligenz (KI) weder über eindeutige Definitionen noch über eine scharfe Abgrenzung zueinander und zu anderen verwandten Begriffen verfügen. Zur Einfachheit greift dieser Artikel daher auf zwei die Themengebiete eher umfassend beschreibende Varianten zurück:

„Data Science ist ein interdisziplinäres Fachgebiet, in welchem mithilfe eines wissenschaftlichen Vorgehens, semiautomatisch und unter Anwendung bestehender oder zu entwickelnder Analyseverfahren Erkenntnisse aus teils komplexen Daten extrahiert und unter Berücksichtigung gesellschaftlicher Auswirkungen nutzbar gemacht werden. (vgl. [1])"

„Künstliche Intelligenz ist die Fähigkeit einer Maschine, menschliche Fähigkeiten wie logisches Denken, Lernen, Planen und Kreativität zu imitieren. (vgl. [2])"

Für die vorliegende Untersuchung werden Data Science und KI (und das diesem häufig zugeordnete Machine Learning (ML)) im Wesentlichen gleichartig verstanden als Vorgehen, um auf Basis verfügbarer Daten unter Berücksichtigung von Modellen bzw. Algorithmen ein fachliches Problem mithilfe einer Analyse zu bearbeiten sowie eine Lösung zu präsentieren und zu interpretieren.

J. Kaufmann (✉) · D. Retkowitz
Hochschule Niederrhein, Mönchengladbach, Deutschland
E-Mail: jens.kaufmann@hs-niederrhein.de; daniel.retkowitz@hs-niederrhein.de

© Der/die Autor(en), exklusiv lizenziert an Springer Fachmedien Wiesbaden GmbH, ein Teil von Springer Nature 2025
T. Barton, C. Müller (Hrsg.), *Generative KI im Kontext der Wirtschaftsinformatik*, Angewandte Wirtschaftsinformatik, https://doi.org/10.1007/978-3-658-47311-2_7

ChatGPT ([3]) ist derzeit die möglicherweise bekannteste Anwendung, die auf einem Large Language Model (LLM) basiert, und erlaubt Nutzer:innen eine weitgehend flüssige natürlichsprachliche Kommunikation mit dem System. Es ist in der Lage, Programmcode zu verarbeiten, zu analysieren und zu erstellen. Dies schließt die für Data Science und KI populären Sprachen R und Python ein.

Der Artikel stellt vor, welche Leistung ChatGPT erbringt, um eine Analyse durchzuführen, wie sie als Aufgabe junge Wissenschaftler:innen treffen könnte, die über solide (Grund-)Kenntnisse der Datenanalyse verfügen. Das erwartete Ergebnis würde eine Ausarbeitung im Umfang von einer bis zwei Seiten Text und Programmcode entsprechen. Dabei liegt der Fokus methodisch auf der Klassifikation.

Neben einer ‚klassischen Klassifikation', d. h. einer Ja/Nein-Entscheidung basierend auf numerischen und kategorialen Variablen, soll ein Bildklassifikationsmodell erstellt werden. Die dahinterliegende Technik der Künstlichen Neuronalen Netze (KNN) entspricht im Kern auch der ChatGPT zugrunde liegenden Technologie. Als Sprachen zur Umsetzung kommen R und Python zum Einsatz. Diese Untersuchung ist durch die extrem kleine Stichprobe an Aufgaben nicht im engeren Sinne wissenschaftlich fundiert, kann aber dennoch einen Eindruck erzeugen, welche Schritte im beispielhaften Analyseprozess besonders gut oder schlecht umgesetzt werden.

Die Kommunikation mit ChatGPT erfolgt dabei auf Englisch, ist im Artikel in ‚Code'-Form dargestellt und wo nötig verkürzt, was durch Auslassungszeichen ‚[…]' dargestellt wird. Eventuelle Rechtschreibfehler bei der Eingabe sind zur korrekten Dokumentation des Prozesses unverändert wiedergegeben. Für ChatGPT sind mehrere unterliegende Sprachmodelle (GPT 3.5/GPT 4.0) und ebenso unterschiedliche Module verfügbar (z. B. eines für Advanced Data Analysis). Für diesen Artikel wird das einfachste Modell ohne spezielle Plug-ins genutzt, da dies dem Umfang der zum Zeitpunkt der Artikelerstellung kostenlosen Version entspricht, die für die meisten Nutzer:innen verfügbar ist. Im Fazit werden zudem Hinweise auf erkannte oder vermutete Unterschiede zu den fortgeschritteneren Versionen, die derzeit nur im bezahlten Abomodell erhältlich sind, gegeben.

Nachtrag, April 2025: Aufgrund der schnell voranschreitenden Entwicklung im Bereich generativer KI sind die Erkenntnisse im Detail nicht mehr passend zu der aktuellen Situation verfügbarer Werkzeuge. Die Bearbeitung von Aufgaben hat sich in fast allen relevanten Werkzeugen inzwischen erkennbar verbessert. Auch neuere Versionen, inkl. verfügbarer Reasoning-Modelle, zeigen aber noch Potenzial bei der Erklärung von Besonderheiten. Der Einsatz sollte daher von professionellen Anwender:innen wie auch von Gelegenheitsnutzer:innen kontinuierlich evaluiert werden.

7.2 Lösen einer klassischen Klassifikationsaufgabe mit R

Gegeben ist ein (fiktives) Datenset von 200 Kund:innen eines Online-Warenhauses, das auch einen Platinstatus anbietet (dieser erlaubt z. B. kostenlose Retouren). Ca. 50 % der Kund:innen haben derzeit diesen Status inne, ca. 60 % dieser haben ihn jedoch zum Jahresende gekündigt. Ziel der Aufgabe ist es, ein Klassifikationsmodell zu erstellen, das Platinkund:innen als ‚Kündiger' oder ‚Nicht-Kündiger' klassifiziert (analog einer Abwendungsvorhersage, engl.: churn prediction).

Erwartbar für eine kurze Abhandlung ist, dass

a) die Daten erkannt und eingeordnet werden,
b) diese auch sauber verarbeitet werden können,
c) eventuelle Fehler erklärt, abgefangen und behoben werden,
d) die Daten sinnvoll reduziert werden für eine vernünftige Klassifikation (so können z. B. nie Nicht-Platin-Kund:innen den Status kündigen),
e) eine Analyse mit einer sinnvollen und nachvollziehbaren Klassifikationsmethode durchgeführt wird (die Auswahl sollte zum einen sinnvoll erfolgen, zum anderen wird hier dann aber der Entscheidungsbaum eingefordert wegen der besseren Ergebnisnachvollziehbarkeit/-darstellbarkeit z. B. im Vergleich zu einer Support Vector Machine),
f) die Ergebnisse interpretiert werden (können) und eine kurze zusammenfassende Handlungsempfehlung für die Behandlung der Kund:innen abgegeben wird.

Da ChatGPT in der genutzten Version nur den Programmcode zur Analyse generieren, nicht aber ausführen und damit auch nicht direkt die Ergebnisse verarbeiten kann, werden Fragen zur Interpretation der Ergebnisse erneut expliziert.

7.2.1 Problemstellung, Lösungsansatz und (naive) Umsetzung

Der Datensatz umfasst 16 Variablen, die für Menschen weitgehend sprechend sind. Die *customer_id* ist eine eindeutige Zufallszahl. Die *clothing/sport/tech*-Variablen sind 0/1-Variablen, die angeben, ob ein:e Kund:in aus der entsprechenden Kategorie mindestens einen Artikel erworben hat. *platinum* und *cancel_platinum* sind ebenfalls 0/1-Variablen, die den aktuellen Platinstatus sowie die beobachtete Kündigung beinhalten. Damit ist *cancel_platinum* die Zielvariable der Klassifikation. Tab. 7.1 stellt die Daten der ersten zwei Zeilen dar.

Tab. 7.1 Auszug der Daten zur Analyse. (Einfache Klassifikation)

customer_id	last_name	gender_male	age	state	visits
5487540	Straub	1	30	NRW	339
3981025	Michel	1	64	RP	56
purchases	items	returns	returnquota	profit	bought_clothing
24	61	10	0,42	97,01	0
4	5	1	0,25	75,47	0
bought_sport	bought_tech	platinum	cancel_platinum		
0	1	1	1		
0	1	0	0		

Authors: I have the data set of an online retail company. It is comprised of 16 variables. "platinum" describes, whether a customer has platinum status, "cancel_platinum" describes whether a platin customer has canceled this status. I would like to predict whether a customer will cancel its platinum status. How can I do this with the current data? How do I do this with R? How do I interpret the results? Find the data set colums and two example rows hereinafter. [... es folgen Spaltenüberschriften und 3 Zeilen]
ChatGPT: To predict whether a customer will cancel their platinum status using the given dataset in R, you can follow these steps: [...]

Die ChatGPT-Ausgabe ist umfangreich und erläutert, dass eine logistische Regression eingesetzt werden kann. Daten werden erwartungsgemäß in ein Trainings- und ein Testset aufgeteilt. *customer_id* und *last_name* werden korrekterweise als voraussichtlich nicht analysedienlich entfernt. Der R-Code lässt sich direkt kopieren und vermerkt in Kommentaren, wo er z. B. auf die nutzerspezifischen Dateinamen anzupassen ist. Die Umsetzung scheitert dann allerdings daran, dass ChatGPT trotz Beispieldaten nicht erkannt hat, dass es sich bei den Kommazahlen um deutsches Format handelt. Um den Fokus dieses Artikels nicht auf umfangreiche Fehlersuche basierend auf Fehlermeldungen zu Formaten zu richten, wurde dieses Problem durch Anpassung in R korrigiert. Auch danach kommt es jedoch zu keinem Ergebnis.

Authors: I get the following message when I run the line that starts with "model <- glm":
"Warning messages:
1: glm.fit: algorithm did not converge
2: glm.fit: fitted probabilities numerically 0 or 1 occurred"When I run the line to evaluate the model, I get an error:
"Error: `data` and `reference` should be factors with the same levels."
ChatGPT: The warning message "glm.fit: algorithm did not converge" suggests that the logistic regression model didn't converge during the fitting process, and the message "glm.fit: fitted probabilities numerically 0 or 1 occurred" indicates that the model is having trouble estimating probabilities. This can be due to various reasons, such as multicollinearity, separation of data, or issues with the data itself. [...]

ChatGPT gibt im Weiteren Hinweise zu den angesprochenen Problemen, die sich jedoch teilweise nur mit Fachwissen verstehen lassen. Das in der Umsetzung größere Problem adressiert es wie folgt:

ChatGPT: Regarding the error message "Error: data and reference should be factors with the same levels," it suggests that there might be an issue with the levels of your target variable. You can try converting the target variable to a factor with the same levels as follows: [...]

Die vorgeschlagene Lösung ist allerdings falsch und erfolgt ohne Hinweise, wo sie im Code platziert werden sollte. Das Problem besteht tatsächlich im von ChatGPT selbst erstellten Code zur Erstellung einer Konfusionsmatrix, also der Gegenüberstellung von prognostizierten und tatsächlichen Werten. Diese verlangt Faktoren (ein spezieller Datentyp in R) als Eingabe, ChatGPT übergibt ihr allerdings keine solchen, da weder die Testdaten solche von Natur aus enthalten noch die von ChatGPT vorgeschlagene Funktion zur ‚Übersetzung' der Ergebnisse der logistischen Regression (numerische Werte) in die notwendigen Prognosewerte (0/1) diese erzeugt.

An dieser Stelle wird die ‚naive' Untersuchung abgebrochen. Es ist aber zu vermerken, dass geschulte Nutzer:innen von R mit wenigen Ergänzungen den Programmcode fehlerfrei zum Laufen bringen können und das Ergebnis (eine Konfusionsmatrix) zeigt, dass die Klassifikation erfolgreich (Accuracy = 0,7833 auf dem Testset) umgesetzt werden konnte.

7.2.2 Durchführung einer Analyse mit Entscheidungsbaum und manueller Fehlerkorrektur

Um ein nachvollziehbareres Ergebnis und eine Interpretation desselben besser darstellen zu können, wird ChatGPT aufgefordert, die vorherige Lösung (ohne weitere Hinweise auf von den Autoren beseitigte Fehler) so zu verändern, dass ein Entscheidungsbaum erstellt und auch grafisch dargestellt wird. Entscheidungsbäume sind ein übliches Mittel der Klassifikation. Abhängig von der Fragestellung sind sie anderen Klassifikationsverfahren in der reinen Genauigkeit der Vorhersage oft etwas unterlegen. Sie haben aber die Eigenschaft, dass die grafische Darstellung den Entscheidungsprozess interpretierbar macht (vgl. [4]).

```
Authors: Change the solution R in a way that a decision tree is used for
classification and the result is shown.
ChatGPT: To use a decision tree for classification in R and display the
results, you can modify the code as follows. We will use the rpart pac-
kage, which is commonly used for decision tree modeling: [...]
```

Mit den gleichen Anpassungen, wie sie im vorherigen Abschnitt notwendig waren, gelingt eine direkte Umsetzung und auch Ausgabe des Ergebnisses. Abb. 7.1 stellt sowohl den Entscheidungsbaum als auch die Konfusionsmatrix dar. Es sei hier noch darauf hingewiesen, dass die in der Abschnittsüberschrift angesprochene ‚manuelle Fehlerkorrektur' ausschließlich ‚technische' Fehler beseitigt, die eine Durchführung der Analyse im Code verhindert haben. Es wurden keine inhaltlichen Veränderungen vorgenommen. Diese, bzw. das Einfordern dieser durch ChatGPT, sind Gegenstand des folgenden Abschnitts.

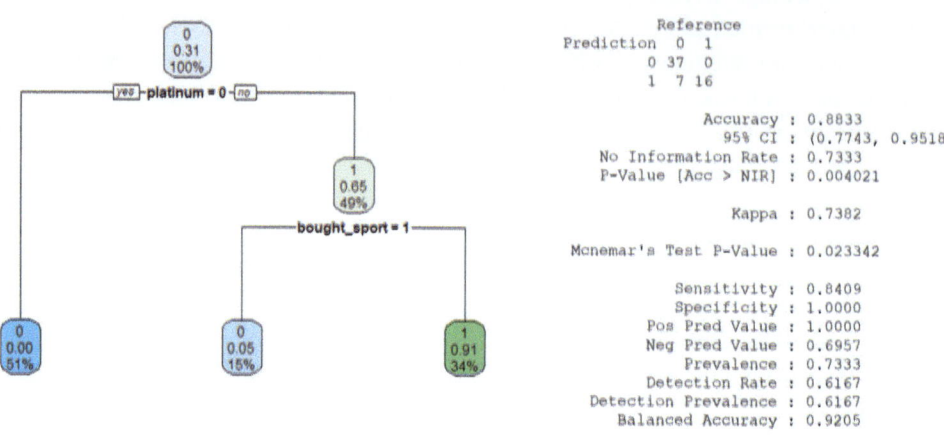

Abb. 7.1 Entscheidungsbaum und Konfusionsmatrix nach erstem Durchlauf des ChatGPT-Codes mit Anpassungen zur Sicherstellung der Ausführbarkeit

7.2.3 Interpretation der Ergebnisse sowie Beseitigung von Fallstricken

Die bisherige Analyse ist unter Berücksichtigung technischer Schwierigkeiten nicht komplex und von ChatGPT so bearbeitet worden, wie es die angesprochene Vergleichsgruppe auch in kurzer Zeit lösen können sollte. Sie zeigt allerdings die gleichen Fehler in der fachlichen Betrachtung, die in Bezug auf Data Science noch eher unerfahrene Personen machen würden. In der Folge wird ChatGPT zunächst vorsichtig bzw. fragend hierauf angesprochen und – bei nicht ausreichend hilfreicher/korrekter Antwort – deutlich darauf aufmerksam gemacht, mit der Aufforderung diese Fehler zu korrigieren.

```
Authors: I noticed that the first decision, according to the decision
tree, is to split based on the platinum variable. To me this makes no
sense. Only platinum customer can cancel the platinum status. Should
this not be accounted for?
ChatGPT: You are correct in your observation. In the context of predic-
ting whether a customer will cancel their platinum status, it doesn't
make sense to have the first split in the decision tree based on the
"platinum" variable because only platinum customers can cancel their
platinum status. This suggests that the decision tree may not be the
most appropriate model for this specific prediction task.
To account for this, you can consider using other classification algo-
rithms that are better suited to imbalanced datasets or datasets with
specific requirements. One such algorithm is logistic regression, which
is capable of modeling the probability of a binary outcome (cancellation
of platinum status) and can handle imbalanced datasets more effectively. […]
```

7 Data Science und KI – made by Data Science und KI

Die Antwort ist in mehrerlei Hinsicht nicht hilfreich. Sie bezieht sich auf „imbalanced datasets", also auf Datensätze, bei denen eine Klasse eine starke Prävalenz zeigt, was hier nicht als Problem identifiziert wurde. Sie schlägt zudem vor, das fachliche Problem durch ein anderes Verfahren zu lösen, was ebenfalls nicht hilfreich ist, insbesondere, da der dann vorgeschlagene Quellcode erneut *platinum* als Entscheidungsvariable berücksichtigt.

```
Authors: I want to use the decision tree, but I think we need to exclude
'platinum' as an input variable. Can you adjust the source code ac-
cordingly?
ChatGPT: Certainly, if you want to exclude the "platinum" variable as
an input feature for building the decision tree since it's a defining
characteristic of the target variable, you can modify the code as fol-
lows: […]
```

Bemerkenswert an der Antwort ist insbesondere die Tatsache, dass der Text suggeriert, ChatGPT hätte das Problem verstanden („… since it's a defining characteristic …"), obwohl offensichtlich genau dies nicht vorliegt, wie der Problemlösungsvorschlag zuvor gezeigt hat. Nach Entfernen der Variablen entstehen ein deutlich umfangreicherer Baum und eine neue Konfusionsmatrix (vgl. Abb. 7.2).

```
Authors: When I look at the confusion matrix, I can see that it says
"positive class: 0". This seems wrong, as we wanted to predict the can-
celing customers, not the non-canceling ones. Does this make a diffe-
rence in interpreting the results? How do I fix this?
ChatGPT: You are correct; the interpretation of the confusion matrix can
be misleading if the "positive class" is incorrectly assigned. In your
case, you are interested in predicting customers who cancel their pla-
tinum status (the positive class), but the model seems to have assigned
the non-canceling customers as the positive class.
```

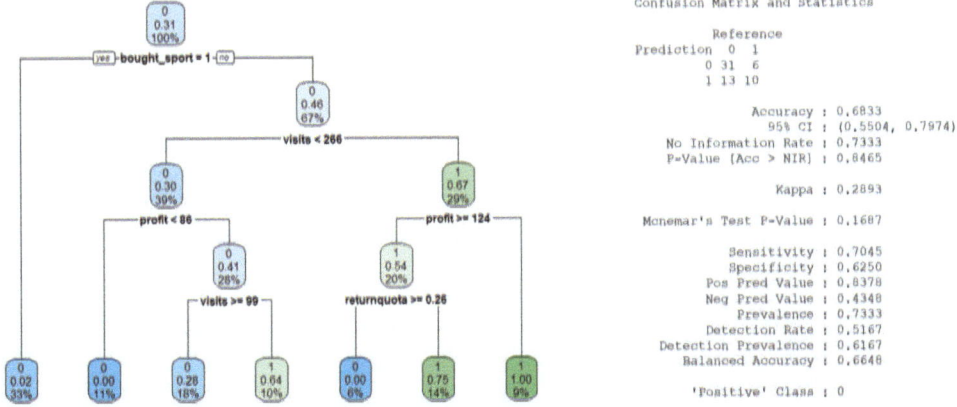

Abb. 7.2 Entscheidungsbaum und Konfusionsmatrix nach zweitem Durchlauf des ChatGPT-Codes

To fix this issue and correctly assign the positive class, you can set
the positive argument in the confusionMatrix function to 1 (assuming "1"
represents customers who cancel their platinum status in your dataset). [...]

Die Lösung ist einfach, aber nicht falsch. Sie führt zu einer korrekten Berechnung der Kennzahlen wie Sensitivität und Spezifität. Sie vertauscht hingegen nicht die Darstellung in der Konfusionsmatrix, sodass die übliche Darstellung der positiven Fälle in linker Spalte bzw. oberer Zeile nicht erfolgt, was die Interpretation erschwert (dies wäre bspw. mit einer manuellen Sortierung bei der Faktorisierung der Variablen der Fall gewesen). Ergänzend sei allerdings darauf hingewiesen, dass die Darstellung einer Konfusionsmatrix auch nicht immer eindeutig erfolgt, wie sich schon an der Zeilen-/Spaltenvertauschung der deutschen und der englischen Wikipedia-Seite zu diesem Thema zeigt (vgl. [5] und [6]).

Abschließend in Bezug auf die reine Analyse wird ChatGPT nun aufgefordert, die Ergebnisse zu interpretieren. Dazu wird die Textausgabe der Konfusionsmatrix per Copy&Paste übergeben.

Authors: I would like to know how to read the graphical decision tree
output. Also, find attached the full confusion matrix output. Give me a
thorough interpretation of the results. [... Konfusionsmatrix-Output wie
in den Abbildungen gezeigt]
ChatGPT: Interpreting the results of a decision tree and the associated
confusion matrix can provide valuable insights into the performance of
your classification model. Let's break down the interpretation of the
results step by step:
[...]
In summary, your decision tree model shows some ability to predict customers who canceled their platinum status (positive class), but there
is room for improvement, especially in terms of specificity (True Nega-
tive Rate) and positive predictive value. Further model tuning and feature engineering may help improve the model's performance.

Die Frage zur Interpretation der grafischen Ausgabe wird ignoriert. Die ausgelassene Passage der gezeigten Antwort ist eine ausführliche Abhandlung aller dargestellten Kennzahlen. Für jede von ihnen wird eine kurze, fachlich korrekte Erklärung geliefert. Die Erkenntnis, dass das Modell noch nicht übermäßig gut ist, ist ebenfalls nachvollziehbar, liefert allerdings keine umfangreichen Details. Im folgenden Absatz soll versucht werden, die inhaltliche Komponente der Analyse noch weiter voranzutreiben.

7.2.4 Generierte Handlungsempfehlungen und Bewertung

Die bisherigen Ausführungen beziehen sich vor allem auf die Analyse und die Umsetzung in R. Im Folgenden wird getestet, welche inhaltlichen Interpretationen ChatGPT trifft und wie das Gesamtergebnis zu bewerten ist.

```
Authors: I understand now what the confusion matrix says. I would like
to understand whether this is a good result. If my aim is to predict
canceling customers, is the analysis I did useful? How do I interpret
the results from a business perspective?
ChatGPT: Interpreting the results of a classification model from a busi-
ness perspective involves considering the specific goals and require-
ments of your business problem. Here's how to interpret the results and
assess their usefulness:
1. Accuracy: The accuracy of your model is 0.6833, which means it cor-
rectly predicts about 68.33% of the cases. From a business perspective,
this means that your model is correct in its predictions for approxima-
tely two-thirds of the customers. […]
* The model's sensitivity suggests that it's reasonably effective at
identifying customers who are likely to cancel their platinum status.
This can be valuable for implementing targeted retention strategies,
such as personalized offers or communications to prevent cancellations.
* The specificity indicates that the model is also effective at identi-
fying customers who are not likely to cancel. This can help you avoid
unnecessary retention efforts for customers who are unlikely to
leave. […]
```

Die ausgelassenen Teile der Antwort zeigen Interpretationen der weiteren Kennzahlen. ChatGPT trennt seine Ausgabe in die technische Interpretation der Kennzahlen (hier am Beispiel der Accuracy gezeigt) und die ‚business'-Interpretation der Ergebnisse (hier am Beispiel von sensitivity und specificity). Alle Interpretationen überzeugen inhaltlich. Sie sind nicht überaus tiefgehend, bilden aber korrekt die Fragestellung ab und geben sinnvolle Antworten. Auffallend ist aber die unterschiedliche, unerklärte Bewertung der Spezifität in dieser Antwort („… is also effective …") im Vergleich zur vorherigen („… but there is room for improvement, especially in terms of specificity …").

In Summe zeigt sich bei der einfachen Klassifikation ein zwiegespaltenes Bild: Als Code-Generator kann ChatGPT überzeugen, sofern die Nutzung als Unterstützung (etwas) erfahrener R-Programmier:innen verstanden wird. Eine direkte, fehlerfreie Nutzung ist weder auf technischer noch auf fachlicher Basis gegeben. Mithilfe diverser Korrekturen und auch inhaltlicher Hilfestellungen wird eine durchaus sinnvolle Analyse erstellt. Gerade bei der kritischen Variablenauswahl und dem Aufbau eines korrekt interpretierbaren Ergebnisses (Konfusionsmatrix) zeigen sich allerdings auch erhebliche Schwächen, die eine korrekte Beantwortung der Fragestellung verhindern. Sind diese manuell beseitigt, ist

ChatGPT aber in der Lage, die Ergebnisse von einer reinen Zahlenform in einen leicht verständlichen Text mit weitgehend korrekten Interpretationen und Bewertungen umzuformen. Die wenig tiefgehenden Antworten können dabei auch der Tatsache geschuldet sein, dass die Fragestellung nicht überaus komplex war und der Interaktionsprozess hier auf die notwendigen Schritte beschränkt wurde, anstatt noch weiteren Output einzufordern.

7.3 Lösen einer Bildklassifikation mit Python

Die Bildklassifikation ist eine der klassischen Aufgaben im Bereich Computer Vision und ein typischer Anwendungsfall für künstliche neuronale Netze. Die Bildklassifikation ist daher auch eine häufige Aufgabenstellung für Nachwuchswissenschaftler:innen, die in ihren jeweiligen Forschungsgebieten mit Bilddaten zu tun haben und die Künstliche Intelligenz als Lösungsansatz in ihre Forschungsvorhaben integrieren.

In diesem Abschnitt wird exemplarisch untersucht, wie gut ChatGPT in der Lage ist, eine Aufgabenstellung im Bereich der Bildklassifikation zu bearbeiten. Dazu wird ein hypothetisches Szenario betrachtet, in dem Nachwuchswissenschaftler:innen eine Bildklassifikation mithilfe eines künstlichen neuronalen Netzes durchführen möchten. Diese Aufgabenstellung könnte sich in den unterschiedlichsten Fachdisziplinen ergeben. Davon ausgehend, dass die Wissenschaftler:innen keine Expert:innen in Themen der Künstlichen Intelligenz oder des Machine Learning sind, müssen sie sich zunächst mit den Grundlagen und dem prinzipiellen Ablauf einer solchen Bildklassifikation auseinandersetzen. Hierzu wird ChatGPT eingesetzt, um einen prototypischen Prozess für die Bildklassifikation zu durchlaufen.

7.3.1 Generieren einer ersten Lösung

Zunächst soll untersucht werden, ob es mit ChatGPT gelingt, auf Basis eines einzelnen Prompts zur Problemstellung hilfreiche Informationen zum weiteren Vorgehen für die Bildklassifikation zu erhalten. Auf Basis der Antwort von ChatGPT sollen dann später weitere Prompts erfolgen, um sich so einer Lösung anzunähern.

In der Aufgabenstellung wird auf die bekannten Datensätze CIFAR-10 (vgl. [7]) und Fashion MNIST (vgl. [8]) verwiesen, um ChatGPT einen konkreten Anhaltspunkt zu geben, in welchem Format die Bilddaten vorliegen und um konkret verwendbaren Beispielcode generieren zu können. Bei CIFAR-10 handelt es sich um einen Datensatz aus 60.000 Farbbildern mit einer Auflösung von 32×32 Pixeln. Die Bilder sind zehn verschiedenen Klassen zugeordnet, abhängig vom Bildinhalt. Der Datensatz wird sehr häufig für Forschungs- und Lehrzwecke eingesetzt und dient auch als Benchmark für unterschiedliche Modelle beziehungsweise Modellarchitekturen. Der Datensatz ist in 50.000 Bilder für das Training eines Modells und 10.000 Bilder für die Validierung aufgeteilt, sodass Ergebnisse unterschiedlicher Modelle besser verglichen werden können. Im Fall von Fashion MNIST handelt es sich ebenfalls um Bilddaten, hier aber mit einer Auflösung von 28×28 Pixeln und in Graustufen. Dabei werden Kleidungsstücke abgebildet, die ebenfalls zehn verschiedenen Klassen zugeordnet sind.

```
Authors: I want to perform an image classification on images in the for-
mat similar to CIFAR-10 or Fashion MNIST. The images should be classi-
fied into 10 different classes. How can I implement an artificial neural
networt with Python and TensorFlow to perform this task?
ChatGPT: To implement an artificial neural network for image classifica-
tion in Python using TensorFlow, you can follow these steps. I'll as-
sume you have a dataset in the format similar to CIFAR-10 or Fashion
MNIST. You can use the CIFAR-10 dataset as an example, and the process
is quite similar for other datasets.
1. Install TensorFlow: [...]
2. Import Libraries: [...]
3. Load and Preprocess the Dataset: [...]
4. Create a Neural Network Model: [...]
5. Compile the Model: [...]
6. Train the Model: [...]
7. Evaluate the Model: [...]
8. Make Predictions: [...]
That's a basic outline of how to implement an artificial neural network
for image classification using Python and TensorFlow. You can adjust the
model architecture, hyperparameters, and training data as needed to im-
prove performance.
```

Die Code-Abschnitte sind im dargestellten Chatverlauf aus Platzgründen entfernt worden. Die Antwort von ChatGPT liefert eine knappe Übersicht der wesentlichen Schritte für die Entwicklung und das Training eines Modells für Bilddaten im Format von CIFAR-10 oder Fashion MNIST. Wir gehen davon aus, dass TensorFlow und eine Python-Umgebung bereits installiert sind. Dazu liefert ChatGPT auch keine genaueren Informationen, sodass für jemanden ohne entsprechende Vorkenntnisse weitere, detaillierte Informationen nötig wären.

Der von ChatGPT zu den einzelnen Schritten ausgegebene Code lässt sich problemlos ausführen. Als Beispieldaten verwendet ChatGPT den CIFAR-10-Datensatz und liest diesen direkt über die Keras-API ein, sodass dieser Schritt mit einer einzigen Code-Zeile abgehandelt ist. Weitere Analysen des Datensatzes nimmt ChatGPT nicht vor, sondern normalisiert die Bilddaten lediglich und transformiert die Labels zu den Bilddaten in eine ‚one-hot encoding' genannte Darstellung. Diese Darstellung wird typischerweise eingesetzt, um kategoriale Outputs eines künstlichen neuronalen Netzes zu repräsentieren. ChatGPT gibt in seiner Antwort hierzu allerdings keine weiteren Informationen. Der Schritt wäre daher für Nutzer:innen ohne entsprechende Vorkenntnisse kaum nachvollziehbar. Dies gilt auch für den nachfolgenden Aufbau des neuronalen Netzes.

Das vorgeschlagene Modell besteht aus Convolution- und jeweils nachfolgenden MaxPooling-Schichten. Anschließend werden die zweidimensionalen Daten auf eine Dimension zusammengeführt und es folgen zwei Dense-Schichten, wovon die letzte als Outputschicht dient. ChatGPT legt die Parameter für das Training des Modells fest und nimmt eine Aufteilung in Trainings- und Testdaten vor. Die eingelesenen Daten des CIFAR-10-Datensatzes sind jedoch schon in Trainings- und Testdaten aufgeteilt. ChatGPT hält hier noch einmal 20 % der Trainingsdaten zur Validierung zurück. Dies kann in vielen Fällen sinnvoll sein, wenn das Modell auf Basis der Validierungsergebnisse in weiteren Iterationen optimiert werden soll. ChatGPT erläutert dieses Vorgehen und die Hintergründe der Aufteilung des Datensatzes in drei Teilbestände jedoch nicht. Die im Ausgangsdatensatz separat eingelesenen Testdaten werden im weiteren Ablauf für die Evaluierung des Modells eingesetzt. Hierbei betrachtet ChatGPT zunächst ausschließlich den Wert der Fehlerfunktion und die Genauigkeit (Accuracy). Im letzten Schritt skizziert ChatGPT noch, auf welche Weise nun weitere Bilder mithilfe des Modells klassifiziert werden können. Zu diesem Schritt kann der Code jedoch nicht direkt ausgeführt werden, da die zu klassifizierenden Bilder zunächst im korrekten Format eingelesen werden müssen, was im Code nicht gegeben ist.

Diese erste Lösung von ChatGPT liefert einen brauchbaren Überblick über die durchzuführenden Schritte der Bildklassifikation. Die Code-Beispiele sind ausführbar und zeigen, wie der Programmcode für einen einfachen Beispielfall aussehen würde. Nutzer:innen ohne Vorkenntnisse hätten durch diese Antwort jedoch keine Möglichkeit, ein Verständnis der einzelnen Prozessschritte zu erlangen, da ChatGPT von sich aus kaum Erläuterungen gibt. Dadurch ist der Code ohne weitere Kenntnisse schwer nachvollziehbar und eine Anpassung an individuelle Rahmenbedingungen schwer möglich. Eine mögliche Herangehensweise besteht darin, nun weitere Nachfragen zu den einzelnen Schritten zu stellen.

7.3.2 Konkretisierung der Lösung

Um die einzelnen Schritte der ersten Lösung aus Abschn. 7.3.1 nachvollziehen und gegebenenfalls anpassen zu können, werden im Folgenden Fragen zu den Schritten an ChatGPT gestellt. Um adäquate Nachfragen zu den einzelnen Schritten zu stellen, ist jedoch in vielen Fällen zumindest ein gewisses Grundverständnis der Thematik vorauszusetzen. Ohne diese Voraussetzung ist ein sinnvoller Dialog nicht möglich und es besteht die Gefahr, dass sich die Konversation mit ChatGPT wenig zielführend entwickelt, in verschiedene Details abdriftet und das Gesamtziel der Bildklassifizierung in den Hintergrund gerät. Dies lässt sich nur zuverlässig vermeiden, wenn menschliche Dialogpartner:innen genug Vorwissen mitbringen, um die Konversation gezielt zu lenken.

Es ist in einem realen Szenario davon auszugehen, dass die Bilddaten nicht wie im Beispiel von ChatGPT programmatisch über die API geladen werden können, sondern aus dem lokalen Dateisystem geladen werden müssen. Dazu befragt antwortet ChatGPT:

Authors: I cannot load my images via the Keras API like in the CIFAR-10 example. Can you show me how I could load the data from local file system assuming the data is stored in the original CIFAR-10 format?
ChatGPT: If you have your image data stored locally in the original CIFAR-10 format, you can load it using TensorFlow and Python. The CIFAR-10 dataset is typically stored in binary format, so you'll need to read and preprocess it. Here's how you can do it:
1. Download the CIFAR-10 Dataset: If you haven't already, download the CIFAR-10 dataset from the official website (https://www.cs.toronto.edu/~kriz/cifar.html). You should have six binary data files: data_batch_1, data_batch_2, data_batch_3, data_batch_4, data_batch_5, and test_batch.
2. Load the CIFAR-10 Data: You can use the pickle module to load the CIFAR-10 dataset from the binary data files. Here's an example of how to do it: […]
This code reads the CIFAR-10 binary data files, reshapes the images, and stores them in NumPy arrays. Now, you have train_images, train_labels, test_images, and test_labels for your model.
3. Preprocess the Data: Normalize the pixel values and one-hot encode the labels as mentioned in the previous response: […]
From here, you can follow the steps mentioned in the previous response to create a neural network model, compile it, train it, evaluate it, and make predictions. Your data is now ready for image classification using TensorFlow and Python.

Die Erläuterungen von ChatGPT geben gute Hinweise darauf, wie Daten aus Dateien eingelesen werden können. Die Erläuterungen und der Code beziehen sich spezifisch auf den CIFAR-10-Datensatz und das Format, in dem dieser durch den Autor des Datensatzes bereitgestellt wird. Die angegebene URL ist korrekt und sofern dort die passende Variante des Datensatzes heruntergeladen und anschließend entpackt wird, können die Daten mit dem von ChatGPT angegebenen Code eingelesen werden. Für andere Datenformate müsste jedoch eigener Code erstellt werden, der abhängig von der Situation deutlich vom hier betrachteten Beispiel abweichen könnte. ChatGPT kann dabei gegebenenfalls unterstützen, jedoch müssten Nutzer:innen die relevanten Informationen liefern, um brauchbaren Code von ChatGPT zu erhalten.

Nach dem Einlesen der Daten ist es sinnvoll, sich zu vergewissern, dass das Laden korrekt erfolgt ist und die Bilddaten auch valide sind, insbesondere wenn der Datensatz in einem spezifischen Datenformat vorliegt und für das Laden eigene Programmfunktionen erstellt werden. Dazu können Stichproben des Datensatzes angezeigt werden. ChatGPT schlägt Folgendes vor:

Authors: I want to make sure that the images are loaded correctly. How can I display some sample images from the dataset?

ChatGPT: To display some sample images from the CIFAR-10 dataset that you've loaded, you can use Python's Matplotlib library. Here's how you can do it:
1. First, make sure you have Matplotlib installed. [...]
Now, you can use Matplotlib to display some sample images from the dataset:
[...]

ChatGPT gibt Hinweise, wie mit der Bibliothek Matplotlib Beispielbilder aus dem Datensatz angezeigt werden können. Der angegebene Code lässt sich ebenfalls ohne Fehler ausführen und zeigt die ersten fünf Bilder der Trainingsdaten an. Zudem werden die zugehörigen Labels zu jedem Bild angezeigt. Dazu definiert ChatGPT im Code eine Liste mit den Klassenlabels des Datensatzes. Diese sind ChatGPT für den Fall CIFAR-10 bekannt, für andere Daten müssten diese jedoch angepasst werden. ChatGPT weist darauf nicht hin, sondern geht in der Lösung grundsätzlich vom angegebenen Beispieldatensatz aus. Der Code stellt auch ein gut übertragbares Gerüst dar; für einen Transfer auf einen anderen Datensatz wären jedoch Python-Kenntnisse erforderlich, um den Code interpretieren und anpassen zu können.

In Schritt 4 schlägt ChatGPT ein künstliches neuronales Netz vor, das für die Bildklassifikation trainiert werden soll. Unter der eingangs getroffenen Annahme, dass die Nutzer:innen keine tiefgehenden Vorkenntnisse im Machine Learning haben, soll ChatGPT nun zu weiteren Details und Erklärungen der vorgeschlagenen Modellarchitektur befragt werden.

Authors: Can you now give me a detailed explanation on your suggested model? Why did you choose these layers and parameters?
ChatGPT: Certainly, let's break down the model architecture I suggested for image classification using a convolutional neural network (CNN) and explain why I chose these layers and parameters. [...]
Now, let's discuss each part of this model:
1. Input Layer: keras.layers.Conv2D(32, (3, 3), activation='relu', input_shape=(32, 32, 3)): This is the first layer in the network. It's a convolutional layer with 32 filters, each of size 3x3. The activation='relu' parameter means Rectified Linear Unit (ReLU) activation function is applied after each convolution operation. The input_shape parameter is set to (32, 32, 3) to match the shape of CIFAR-10 images, which are 32x32 pixels with 3 color channels (RGB).
The choice of 32 filters is somewhat arbitrary but common for small image datasets like CIFAR-10. You can experiment with different numbers, but it's a reasonable starting point.
2. Max-Pooling Layer: keras.layers.MaxPooling2D((2, 2)): After the first convolutional layer, we add a max-pooling layer with a 2x2 pool size. Max-pooling reduces the spatial dimensions of the feature maps and helps make the network more robust to variations in the input.

```
3. Second Convolutional Layer: [...]
4. Second Max-Pooling Layer: [...]
5. Flatten Layer: [...]
6. Dense Layers: keras.layers.Dense(128, activation='relu'): This is
the first fully connected (dense) layer with 128 neurons and a ReLU
activation function. It allows the network to learn high-level repre-
sentations based on the features extracted by the convolutional layers.
keras.layers.Dense(10, activation='softmax'): The final dense layer has
10 neurons, corresponding to the 10 classes in CIFAR-10. The softmax
activation function is used to produce class probabilities.
7. Why These Choices: Convolutional layers are used to detect local pat-
terns in the image data, such as edges, corners, and textures. The num-
ber and size of filters in these layers affect the complexity and expres-
siveness of the model. [...]
This architecture is a simple starting point. For more complex datasets
or better performance, you can experiment with:
- Adding more convolutional layers.
- Changing the number of filters in each layer.
- Using dropout layers for regularization.
- Adjusting learning rates and optimizers.
- Trying different activation functions.
- Data augmentation to improve robustness.
Keep in mind that deep learning often involves experimentation, so it's
important to tune and refine the architecture and hyperparameters based
on your specific problem and dataset.
```

Die detaillierten Ausführungen von ChatGPT sind hier aus Platzgründen nicht vollständig wiedergegeben. Die ausgelassenen Teile betreffen ähnliche Beschreibungen wie im dargestellten Teil der Antwort. In den Erläuterungen zur Modellarchitektur gibt ChatGPT gute Erklärungen der einzelnen Schichten. Diese ermöglichen ein Verständnis des Python-Codes, auch wenn keine Python-Kenntnisse vorhanden sind. Die Erklärungen reichen jedoch nicht aus, um ein Verständnis der Funktionsweise der einzelnen Schichten zu erlangen, wenn Fachkenntnisse fehlen. Viele spezifische Begriffe in den Erklärungen, wie „convolutional layer", „filters" und „activation function" müssen bereits bekannt sein und verstanden werden, damit die Antwort weiterhilft. Dennoch gibt es Hinweise, die den Zweck der einzelnen Schichten erläutern und einordnen, zum Beispiel:

- „The choice of 32 filters is somewhat arbitrary but common for small image datasets like CIFAR-10."
- „Max-pooling reduces the spatial dimensions of the feature maps and helps make the network more robust to variations in the input."
- „It allows the network to learn high-level representations based on the features extracted by the convolutional layers."

- „Convolutional layers are used to detect local patterns in the image data, such as edges, corners, and textures."

Insgesamt liefert die Antwort von ChatGPT zur Modellarchitektur weitere Ansatzpunkte, zu denen nun ebenfalls neue Anfragen gestellt werden können. Es zeigt sich, dass ChatGPT gut in der Lage ist, eine Auswahl recht allgemeiner Informationen, in diesem Fall zum Vorgehen der Modellentwicklung und zu einzelnen Bestandteilen von Modellen, zu geben und diese in geeigneter Weise an ein Beispielszenario und diesbezügliche konkrete Parameter anzupassen. Wenn es darum geht, einen Ablauf zu planen und schrittweise durchzuführen, hier den Aufbau und das Training eines Modells, so fällt auf, dass ChatGPT in der Regel kurze Erklärungen gibt, aber teils lange Auflistungen von Möglichkeiten und Optionen produziert, aus denen Nutzer:innen dann selbst eine Auswahl treffen und entscheiden müssen. Dies stellt unerfahrene Nutzer:innen wie im hier skizzierten Szenario vor einige Herausforderungen.

Das beschriebene Muster der Antworten bestätigt sich auch, wenn weitere Nachfragen gestellt werden. Weitere untersuchte Fragen sind:

```
Authors: Can you also explain your choices of hyperparameters for trai-
ning and the validation split?
ChatGPT: Certainly, let's discuss the choices of hyperparameters for
training and the validation split in the context of the neural network
model for CIFAR-10 classification: […]
1. Training Hyperparameters: […]
2. Validation Split: […]
3. Learning Rate and Optimizer: […]
4. Data Augmentation: […]
Remember that the best set of hyperparameters can depend on your speci-
fic dataset and problem. It's a good practice to perform hyperparameter
tuning (often referred to as hyperparameter optimization) to systemati-
cally search for the best combination of hyperparameters.
Authors: You mention the Adam optimizer. Why should I user this optimi-
zer, what are the advantages compared to other optimizers?
ChatGPT: The Adam optimizer, short for Adaptive Moment Estimation, is a
popular and effective optimization algorithm for training neural net-
works. It offers several advantages compared to other optimizers, which
is why it is commonly used. Here are some of the key advantages of the
Adam optimizer:
1. Adaptive Learning Rates: […]
2. Efficient Momentum Computation: […]
3. Bias Correction: […]
4. Sparse Gradients Handling: […]
5. Robustness: […]
6. Wide Adoption and Community Support: […]
```

```
It's important to note that while Adam is a robust optimizer, it may not
always be the best choice for every problem. [...]
```

Auf die Antworten von ChatGPT soll hier nicht im Detail eingegangen werden. ChatGPT stellt viele Optionen in den Raum und gibt jeweils kurze Erklärungen und Argumente, die diese Optionen rechtfertigen. Diese sind auch nachvollziehbar, helfen jedoch nicht dabei, eine Auswahl zu treffen.

7.3.3 Bewertung der Ergebnisse

Es ist davon auszugehen, dass ChatGPT den Datensatz CIFAR-10 sehr gut ‚kennt', da es sich um einen häufig verwendeten Beispieldatensatz für die Bildklassifikation handelt. Daher kann ChatGPT auch Ergebnisse ausgeben und kommentieren, ohne diese zuvor mit den selbst vorgeschlagenen Methoden berechnen zu müssen. Würde sich die Aufgabenstellung auf einen individuell erstellten Datensatz beziehen, der nicht bereits extensiv in den Trainingsdaten des zugrunde liegenden Sprachmodells enthalten ist, so wären diese Voraussetzungen nicht gegeben (analog dem Vorgehen aus dem ersten Teil dieses Kapitels). Die Vorschläge von ChatGPT können dann zunächst ausgeführt werden, um die Ergebnisse ChatGPT dann in weiteren Prompts mitzuteilen. Dieses Vorgehen führt aber nicht immer zu den gewünschten Ergebnissen, wie sich hier im Fall der Accuracy des Modells zeigt.

Das von ChatGPT vorgeschlagene Modell lässt sich mit den angegebenen Hyperparametern und dem mitgelieferten Python-Code ohne weitere Korrekturen trainieren. Die Accuracy des Modells erreicht dabei einen Wert von 0,6975 in Bezug auf die Testdaten des CIFAR-10-Datensatzes. Weitere Metriken werden von ChatGPT nicht vorgeschlagen, es wird auch nicht auf weitere mögliche Analysen wie etwa in Form einer Konfusionsmatrix hingewiesen. Auf die Frage „With your initial suggestion I got an accuracy of about 0,6975. How can I improve the model?" gibt ChatGPT eine Liste von 14 verschiedenen möglichen Ansätzen zur Verbesserung des Modells aus. Es liefert jedoch keine Hinweise darauf, welche dieser verschiedenen Möglichkeiten in diesem Fall als besonders erfolgversprechend einzuordnen wären und als nächstes untersucht werden sollten. Auf explizite Nachfrage schlägt ChatGPT vor, ein „learning rate scheduling" zu implementieren, das heißt eine dynamische Anpassung der Lernrate im Trainingsverlauf festzulegen. Hierzu wird auch der entsprechende Python-Code angegeben. Damit verbessert sich die Accuracy des Modells jedoch nicht, sondern bleibt in etwa unverändert (0,6956). Darauf hingewiesen antwortet ChatGPT „I'm sorry to hear that the learning rate scheduling didn't result in a significant improvement in model accuracy" und schlägt anschließend erneut zwölf mögliche Ansätze zur Verbesserung vor. Auch durch weitere Nachfragen, den Einsatz der Modellarchitektur ResNet-50 (vgl. [9]) und ein Fine-Tuning des Modells ergibt sich auf Basis der Vorschläge von ChatGPT keine Verbesserung der Ergebnisse. Der Versuch wird daher mit diesem Stand beendet.

7.4 Zusammenfassung und Ausblick

ChatGPT ist in der Lage, Text auf sprachlich hohem Niveau zu generieren und dies funktioniert auch in unterschiedlichsten Fachdisziplinen sehr gut. Die Antworten sind verständlich und im Allgemeinen auch fachlich korrekt. Auch der von ChatGPT erzeugte Code ist gut strukturiert und kann ohne (wesentliche) Anpassungen übernommen und ausgeführt werden. Die Vorverarbeitung von Daten funktioniert im Allgemeinen gut und ChatGPT verwendet im Code eine sinnvolle Benennung von Variablen oder Funktionen. Zudem werden häufig auch erklärende Kommentare in den Code integriert. Innerhalb des Chatverlaufs einer zusammenhängenden Sitzung bezieht sich der generierte Code auch auf bereits vorher durchgeführte Anweisungen. ChatGPT verweist hierbei auf getroffene Annahmen, dass zum Beispiel ein Import von Bibliotheken oder das Laden von Daten bereits vorher erfolgt ist.

In vielen Fällen können die Lösungsvorschläge und der Code von ChatGPT ohne Weiteres direkt übernommen werden. Bei Bedarf können weitere Erklärungen und Details durch Nachfragen an ChatGPT ergänzt werden. Ein grundlegendes Verständnis des Codes ist jedoch Voraussetzung, um zu erkennen, ob und welche Schritte gegebenenfalls zu ergänzen oder anzupassen sind, um auf ein konkretes Szenario anwendbar zu sein. ChatGPT erklärt allgemeine Begriffe und Verfahren zutreffend und passt diese sehr gut an die jeweilige Fragestellung an. Es zeigt sich aber auch, dass ChatGPT selbst kein tieferes Verständnis des Anwendungsfalls und seines Dialogpartners vor dem Bildschirm hat. Dies äußert sich auch in teils sehr breiten Vorschlägen, die eine Vielzahl von Möglichkeiten vorstellen. Diese stellen allgemein auch valide Optionen dar, setzen aber voraus, dass die Nutzer:innen selbst schon wissen, welche dieser Optionen gegenüber anderen vorzuziehen ist. ChatGPT erweist sich somit besonders dann als hilfreich, wenn durch Nutzer:innen gezielt nachgefragt und hinterfragt wird. Dies setzt weiterhin eine fundierte menschliche Expertise voraus, denn nur dann können die „richtigen" Fragen gestellt werden.

Für Chatbots wie ChatGPT gibt es unterschiedliche Nutzungstechniken. In diesem Zusammenhang wird häufig über eine neue Disziplin ‚Prompt Engineering' diskutiert. Es gibt inzwischen eine Reihe von Untersuchungen, wie unterschiedliches Prompting die Ergebnisse des Chatbots beeinflusst und welche Techniken für welchen Einsatzzweck besser geeignet sind als andere (vgl. [10]). Auch in den hier betrachteten Problemstellungen könnte ChatGPT durch entsprechende Prompts zunächst in eine spezifische Rolle versetzt werden und weitere Anweisungen zum gewünschten Antwortverhalten erteilt bekommen. Ein solches Vorgehen wurde hier nicht evaluiert. Es bieten sich so aber mögliche Ansätze, um die Konversation mit ChatGPT konkreter auf spezifische Anforderungen ausrichten zu können. Auch diese Ansätze erfordern aber weiterhin, dass das menschliche Denken die Konversation leitet, denn hierzu müssen ebenfalls die passenden Prompts ermittelt werden, was die fachkundige Bewertung des Verhaltens von ChatGPT erfordert.

Konkret lässt sich zu der vorgestellten einfachen Klassifikation ergänzen, dass, wenn diese mit GPT 4 wiederholt wird, ChatGPT einige der ‚technischen' Fehler vermeidet. So werden z. B. Dezimalkommas korrekt erkannt und behandelt. Dafür wird initial keine Konfusionsmatrix erzeugt. Inhaltlich wird auf die Nutzung von *platinum* verzichtet, allerdings ohne dies zu kommentieren. Auf Nachfrage gibt ChatGPT aber eine umfangreiche und sinnvolle Begründung. Auch eine aktiv eingeforderte Konfusionsmatrix wird umfangreich kommentiert. Insgesamt wirkt GPT 4 hier erkennbar weiter fortgeschritten und elaborierter in der textuellen Kommentierung. Ein Hochladen der CSV-Datei für eine Advanced Data Analysis mit der einfachen Aussage „Attached is a data file of on online retail company. Predict the customers that will cancel their platinum status." führt zu einer umfangreichen Analyse, deren Ergebnis dem der schrittweisen Analyse ähnelt, und die (teils schwer lesbaren) grafischen Output erzeugt.

Als Sparringspartner präsentiert sich ChatGPT entsprechend in den getesteten Varianten (sehr) gut. Die vielfältigen Optionen im stark geführten Prozess verlangen dennoch ein umfangreiches Vorwissen auf Seiten der Nutzer:innen und Eingriffe in Bezug auf die Darstellung. Insgesamt verbleiben beim Menschen die inhaltliche Führung und vor allem die Motivation für das Durchführen einer Analyse.

Literatur

1. Schulz, M., Neuhaus, U., Kaufmann, J., Kühnel, S., Alekozai, E. M., Rohde, H., Hoseini, S., Theuerkauf, R., Badura, D., Kerzel, U., Lanquillon, C., Daurer, S., Günther, M., Huber, L., Thiée, L.-W., zur Heiden, P., Passlick, J., Dieckmann, J., Schwade, F., Seyffarth, T., Badewitz, W., Rissler, R., Sackmann, S., Gölzer, P., Welter, F., Röth, J., Seidelmann, J., Haneke, U. (2022). DASC-PM v1.1. Ein Vorgehensmodell für Data-Science-Projekte. Elmshorn. https://doi.org/10.25673/85296
2. Europäisches Parlament. (2020). Was ist künstliche Intelligenz und wie wird sie genutzt? https://www.europarl.europa.eu/news/de/headlines/society/20200827STO85804/was-ist-kunstliche-intelligenz-und-wie-wird-sie-genutzt. Zugegriffen am 23.10.2023
3. OpenAI. (2023). ChatGPT. https://chat.openai.com. Zugegriffen am 24.10.2023
4. James, G., Witten, D., Hastie, T., & Tibshirani, R. (2021). *An introduction to statistical learning. Springer texts in statistics.* Springer. https://doi.org/10.1007/978-1-0716-1418-1
5. Wikipedia. (2023). Beurteilung eines binären Klassifikators. https://de.wikipedia.org/wiki/Beurteilung_eines_bin%C3%A4ren_Klassifikators. Zugegriffen am 24.10.2023
6. Wikipedia. (2023a). Confusion matrix. https://en.wikipedia.org/wiki/Confusion_matrix. Zugegriffen am 24.10.2023
7. Krizhevsky, A. (2009). Learning multiple layers of features from tiny images. https://www.cs.toronto.edu/~kriz/learning-features-2009-TR.pdf. Zugegriffen am 24.10.2023
8. Xiao, H., Rasul, K., & Vollgraf, R. (2017). Fashion-MNIST: A novel image dataset for benchmarking machine learning algorithms. https://arxiv.org/abs/1708.07747. Zugegriffen am 24.10.2023
9. He, K., Zhang, X., Ren, S., & Sun, J. (2015). Deep residual learning for image recognition. https://arxiv.org/abs/1512.03385. Zugegriffen am 24.10.2023
10. White, J., Fu, Q., Hays, S., Sandborn, M., Olea, C., Gilbert, H., Elnashar, A., Spencer-Smith, J., & Schmidt, D. C. (2023). A prompt pattern catalog to enhance prompt engineering with ChatGPT. https://arxiv.org/abs/2302.11382v1. Zugegriffen am 24.10.2023

8   Wie Produktivitätsgewinne in der Kundenbetreuung durch KI-basierte Textgenerierung erzielt werden – heutige und zukünftige Einsatzmöglichkeiten

Markus Steer

8.1   Was bedeutet KI in der Kundenbetreuung

In diesem Beitrag liegt der Fokus auf betriebswirtschaftlichen Anwendungsfällen in der Kundenbetreuung. Es wird auf Anwendungsfälle in den Fachabteilungen Vertrieb, Marketing und Customer Service eingegangen,

a) die eine direkte Interaktion eines Kunden mit einem Unternehmen beinhalten (z. B. Bearbeitung von Kundenanfragen) und
b) die unterstützend notwendig sind für die unternehmensinternen Abläufe in der Kundenbetreuung (wie z. B. Sales Operations).

Es wird dargelegt, wie KI-basierte Textgenerierung als Beschleuniger, als Mittel zur Effizienz-steigerung oder als Mittel zur Qualitätssteigerung dienen kann. KI-basierte Textgenerierung ist ein Bereich von ‚GenAI' (generative Artificial Intelligence) neben weiteren, wie die Generierung von Sprache, Bild und Computerprogrammcode. Das Besondere an dieser Technologie ist, dass neue Inhalte erstellt werden können ohne explizite Programmierung des Einzelfalls. Die Fähigkeiten zur automatisierten Mustererkennung, Lernfähigkeit und Entscheidungsfindung stellen neue Aspekte dar, die in der traditionellen Datenverarbeitung nicht vorhanden sind, denn dort werden Daten deterministisch nach fest vordefinierten Algorithmen und Rechenoperationen verarbeitet, während KI auf Basis probabilistischer Methoden neue Inhalte erstellt.

M. Steer (✉)
Hedwig-Leppert-Str., Bruchsal, Deutschland
E-Mail: msteer@hs-worms.de

© Der/die Autor(en), exklusiv lizenziert an Springer Fachmedien Wiesbaden GmbH, ein Teil von Springer Nature 2025
T. Barton, C. Müller (Hrsg.), *Generative KI im Kontext der Wirtschaftsinformatik*, Angewandte Wirtschaftsinformatik, https://doi.org/10.1007/978-3-658-47311-2_8

KI-basierte Textgenerierung basiert auf Foundation Models. Das sind Deep Learning Models, die mit einem sehr hohen Datenvolumen (Milliarden von Datensätzen) trainiert wurden. Innerhalb der Foundation Models sind Large Language Models (LLMs) und Natural Language Processing (NLP) für die in diesem Beitrag beschriebenen Anwendungsfälle relevant. LLMs sind statistische Modelle, die die Vorhersage des nächsten Wortes in einem Satz ermöglichen und somit in der Content-Erstellung wie z. B. dem Schreiben von Artikeln, dem Übersetzen von Sprachen oder dem Zusammenfassen von Texten Anwendung finden. NLP hat einen größeren Funktionsumfang, der auch das Verstehen von Texten und die Informationsgewinnung aus Texten beinhaltet (z. B. Sentiment-Analyse, Speech Recognition, Text Classification, Chatbots). Wohlwissend, dass unter der Vielzahl der vorhandenen LLM- und NLP-Anbietern qualitative Unterschiede bestehen, wird hier nicht auf spezielle Produkte der Anbieter eingegangen, weil der Markt der GenAI–Anbieter momentan sehr dynamisch ist.

Vielmehr wird auf die vielfältigen Anwendungsmöglichkeiten für textgenerierende Künstliche Intelligenz (KI) eingegangen, die sich im betriebswirtschaftlichen Kontext der Kundenbetreuung eröffnen. Diese Einsatzgebiete manifestieren sich insbesondere dann, wenn es darum geht, aus bestehenden Dokumenten, Texten und Informationen neue Dokumente, Texte und Inhalte zu generieren. Potenzielle Anwendungsfelder ergeben sich, wenn Daten aus diversen Datenquellen analysiert, aufbereitet, kombiniert oder Muster erkannt werden sollen, um daraus spezifische, kontextabhängige Inhalte zu erstellen. Durch die Lernfähigkeit und die Anpassungsfähigkeit der KI-Modellparameter auf Basis neu hinzukommender Datensätze werden die Ergebnisse im Zeitablauf immer besser.

8.2 Markttrends für textgenerierende KI

ChatGPT von OpenAI ist die Software mit der bislang schnellsten Verbreitung in einer Anwendergruppe. 5 Tage nach der Ankündigung im November 2022, hatten sich bereits 1 Mio. Nutzer registriert.[1] Zum Vergleich sei erwähnt, dass Dropbox 7 Monate oder Netflix 3,5 Jahre benötigten, um 1 Mio User zu erreichen.[2] Die Verbreitung ging im weiteren Verlauf schnell voran. Bereits im Januar 2023 wurden für ChatGPT 100 Mio ‚Active User' gezählt.[3]

Das Thema „Generative AI" erfährt eine besonders dynamische Entwicklung auch durch weitere Produktlaunches im Bereich der Bildproduktion und der Videoproduktion.

Eine Erklärung für die dynamische Verbreitung ist die weltweite Verfügbarkeit auf Basis von performanter Cloud-Infrastruktur und mobilem Zugang. „Anytime, anywhere" ist sprichwörtlich der Erfolgsfaktor für eine rasche Adoption dieser neuen Technologie.

---

[1] Statista (2023) https://www.statista.com/chart/29174/time-to-one-million-users/.
[2] Statista (2023) https://www.statista.com/chart/29174/time-to-one-million-users/.
[3] https://www.reuters.com/technology/chatgpt-sets-record-fastest-growing-user-base-analyst-note-2023-02-01/.

8.3 Nutzenpotenziale

Die Erwartungen an eine Technologie, die auf Anweisung des Anwenders selbstständig Inhalte findet und daraus neuen Business Content erstellt, sind hoch. Dies wird auch durch Forschungsergebnisse gestützt. In einem Working Paper[4] des MITs wird gezeigt, dass das KI-Tool ChatGPT substanziell die durchschnittliche Produktivität erhöht. In dieser Studie wurden im Wesentlichen 2 Nutzenpotenziale durch den Einsatz von KI-basierter Textgenerierung für die Fachabteilung und den Endanwender gemessen.

A) Effizienzsteigerungen: Inhalte werden schneller produziert und Aufgaben werden rascher erledigt.
B) Qualitätssteigerung: Weniger qualifizierte Mitarbeiter erreichen eine deutliche Qualitätssteigerung für eine vorgegebene Aufgabenstellung.

Zum Versuchsaufbau
444 Berufserfahrenen wurden 2 Aufgaben zur Erledigung vorgelegt. Die Versuchsgruppe bekam zwischen der ersten und zweiten Aufgabe ChatGPT als KI-Tool zur Unterstützung ausgehändigt, während die Kontrollgruppe keine KI-Tool-Unterstützung erhielt. Für beide Gruppen beinhalteten die zwei Aufgaben das Schreiben von Presseartikeln, kurzen Reports, Analysen und Emails.

Ergebnis 1 der Studie: Effizienzsteigerung
Die Versuchsgruppe war bei der zweiten Aufgabe – bei der textgenerierende KI-Tools genutzt werden konnten – um 37 % schneller als die Kontrollgruppe, die kein KI-Tool nutzte.[5] Die vorgegebenen Aufgaben wurden durch die Versuchsgruppe um 10 min (17 min statt 27 min) schneller erledigt als bei der Kontrollgruppe.

Ergebnis 2 der Studie: Qualitätssteigerung
Versuchspersonen, die in der ersten Aufgabe (ohne KI-Tool) schlecht abgeschnitten haben, konnten durch den Einsatz von KI-Tools in der zweiten Aufgabe eine höhere Qualitätssteigerung (eine Steigerung um 2 Noten, von 2 auf 4 auf einer Skala von 0 bis 6) erreichen als Mitarbeiter, die in der ersten Aufgabe schon gute Ergebnisse hatten (Steigerung um 0,5 Noten; von 4 auf 4,5 auf einer Skala von 0 bis 6). Das bedeutet, dass der Qualitätsunterschied zwischen den Ergebnissen der Versuchspersonen kleiner wurde bei insgesamt erhöhter Qualität des Outputs bei beiden Gruppen.

---

[4] Shakked Noy, Whitney Zhang: Experimental Evidence on the Productivity Effects of Generative Artificial Intelligence; March 2, 2023 Working Paper (not peer reviewed); https://bootcamp.uxdesign.cc/chatgpt-boosts-productivity-by-40-and-quality-by-20-says-mit-study-47a96403b64f.
[5] Ebenda, Seite 3: „In the treatment group, time taken on the post-treatment task drops by 10 minutes (37 %) relative to the control group, who take an average of 27 minutes".

Das Experiment hat mehrere Einschränkungen. Erstens waren die Aufgaben relativ kurz, in sich abgeschlossen und es fehlte eine Dimension kontextspezifischen Wissens. Dies könnte die Abschätzungen zur Nützlichkeit von KI-Tools überhöhen. Zweitens erfasste das Experiment naturgemäß nur direkte, unmittelbare Auswirkungen auf den konkreten Versuchsumfang. In der Praxis wird es viele indirekte, verstärkende oder gegenwirkende Effekte geben. Die Auswirkungen von KI werden voraussichtlich auch je nach Beruf, Aufgabe und Qualifikationsniveau variieren. Nichtsdestotrotz entspricht das dargelegte Nutzenpotenzial der Alltagserfahrung bei der Nutzung von textgenerierenden KI-Tools wie ChatGPT.

8.4 Use Cases für KI-basierte Textgenerierung in der Kundenbetreuung

Typischerweise basieren die Vertriebs-, Marketing- und Customer Service-Geschäftsprozesse sowohl auf strukturierten als auch auf unstrukturierten Daten. Üblicherweise sind die Daten in unterschiedlichen Quellsystemen oder -applikationen gespeichert. Zudem sind die Prozesse oftmals wenig standardisiert, das heißt individuell ausgeprägt, je nach Anforderung der spezifischen Kundensituation. In der Vergangenheit waren dies Gründe gegen eine ausgeprägte IT-Nutzung und damit IT-basierte Automatisierung. Mit KI sieht das anders aus:

- KI kann strukturierte und unstrukturierte Daten verknüpfen
- KI kann an unterschiedliche Datenquellen angebunden werden
- KI kann mit wenig standardisierten und individuellen Geschäftsprozessen umgehen

Hohes Datenvolumen, viele Transaktionen, unstrukturierte Daten, verschiedene Medien, Kanäle und Datenquellen sind für die KI kein Show-Stopper, sondern genau das präferierte Anwendungsgebiet.

Daten zu analysieren und zu interpretieren, Daten aus verschiedenen Quellen zu verknüpfen, aus historischen Daten zu lernen und Muster abzuleiten und schließlich Handlungsempfehlungen und Output verschiedenster Art zu erstellen, sind genau die relevanten Anwendungsfälle für KI. Das ganze Potenzial wird generiert durch Anreicherung mit kundenspezifischen und kontextuellen Informationen aus der Interaktion mit dem Kunden. Diese Daten sind üblicherweise in einer CRM-Applikation verfügbar, wenn es sich um Kundenstammdaten, Kontaktdaten, historische Umsatz- und Verkaufsdaten handelt, oder in einer unternehmensspezifischen Applikationsinstanz eines E-Mail-Systems, Ticketing-Systems oder einer Kollaborationsplattform, wenn es um die Kundenkommunikation geht. Vorgenannte Daten sind nicht per se in einem LLM verfügbar, weil das LLM-Modell auf Basis öffentlich verfügbarer Daten trainiert wurde und natürlich nicht auf unternehmensspezifischen Daten. Aber es gibt eine Lösung, wie man beide Welten, die unternehmensspezifischen Daten mit den Fähigkeiten eines LLM, verbinden.

Durch das sogenannte Grounding werden dem LLM konkrete externe Datenquellen zur Verfügung gestellt, um die Qualität des Outputs von LLMs zu verbessern. Mit der Technik der Retrieval Augmented Generation werden unternehmensinterne Applikationen und Datenquellen mit einem LLM verknüpft und somit unternehmenseigene Daten in die KI-basierte Textgenerierung einbezogen.

LLMs für Unternehmen können als sogenannte Enterprise Edition erworben werden und in einer sicheren IT-Landschaft des Unternehmens integriert werden.

Im Folgenden werden Use Cases in 5 Anwendungsbereichen dargestellt.

8.4.1 Personalisierung

Personalisierung bedeutet in diesem Zusammenhang die Erstellung von kontextualisierten, individuellen Inhalten bezogen auf eine spezielle Kundensituation bzw. als Reaktion auf eine Kundenanfrage. Für eine qualitativ hochwertige Antwort an einen Kunden sind die über den Kunden vorhandenen Daten einzubeziehen. Wichtige Parameter sind das Kundenprofil, die Historie der bisher getätigten Käufe sowie die bisherigen Interaktionen mit dem Kunden. Durch das Zuordnen einer Anfrage zum Kundenprofil lässt sich dann speziell für die Kundensituation die passende Antwort definieren. Zusätzlich können weitere Datenquellen, wie Social Media und Webseiten-Traffic, relevante Informationen über die Kundenpräferenzen bereitstellen. Darauf aufbauend lässt sich mit einem LLM eine zielgerichtete Antwort, ein Produktvorschlag oder ein Angebot genau passend und individuell auf den Kundenbedarf erstellen (Tab. 8.1).

Im Marketing hilft KI in der Kundensegmentierung und in der Analyse des Kundenprofils. Durch Vergleich eines Kunden mit den Repräsentanten im gleichen Marktsegment ergeben sich Vorhersagen über mögliche Verkaufsmöglichkeiten (Up Cell/Cross Sell). Für die Kundensegmentierung nutzen KI-Tools statistische Methoden wie Regression, Klassifikation oder Clustering. Sind die Kundensegmente vorhanden, so kann die textgenerierende KI die Situation mit Kunden im gleichen Kundensegment analysieren, mit den speziellen Kundendaten anreichern und schließlich dem Kunden personalisierte Marketing-Messages und Inhalte (z. B. Produktwerbung, Preise, Angebote) unterbreiten.

Tab. 8.1 #Use Cases für die Personalisierung

Fachbereich	Use Case
Vertrieb	• Antworten auf Kundenanfragen • Produktvorschläge/Angebotserstellung
Marketing	• Werbematerial, speziell auf eine Kundenanfrage zugeschnittene Produktinformation • Personalisierte Marketing-Messages
Customer Service	• Service-, Wartungs-, Reparaturvorschläge basierend auf dem Kundenprofil, dem Produktprofil oder dem Schadensprofil • Antworten auf Serviceanfragen

Mit generativer KI kann die Produktsuche personalisiert werden, indem multimodale Eingaben aus Text, Bildern und Sprache sowie Daten aus den Kundenprofilen verwendet werden. Zum Beispiel können Daten zu Benutzerpräferenzen und -verhalten sowie zur Kaufhistorie genutzt werden, um Kunden bei der Entdeckung der relevantesten Produkte zu helfen und personalisierte Produktbeschreibungen zu generieren. Dies ermöglicht es im E-Commerce, die Verkäufe durch eine höhere Conversionsrate auf den Websites zu steigern.

Im Customer Service kommt der ‚Installed Base' eine wichtige Rolle zu. Die Produkte, welche der Kunde momentan nutzt, geben Informationen über die im Betrieb befindliche Maschinen-/Produktkonfiguration. Somit kann ein passender Wartungsplan oder eine Reparaturmaßnahme aus einer Vielzahl von bestehenden Möglichkeiten ausgewählt und individuell auf die kundenspezifische Situation angepasst werden.

8.4.2 Customer Support

Ein weit verbreiteter Anwendungsfall ist ein virtueller Assistent oder Chatbot, um 24/7 Kundensupport anzubieten. Potenziale werden erwartet insbesondere durch Kosteneinsparung (z. B. im Call Center) und durch eine Steigerung der Kundenzufriedenheit (z. B. durch schnellere Antworten und 24/7 Verfügbarkeit). Dies ist der typische Anwendungsfall für Natural Language Processing.

Hierbei gibt es mehrere KI-Anwendungsfälle (Tab. 8.2).

Der wichtigste Anwendungsfall ist die selbstständige Beantwortung von Anfragen durch den virtuellen Assistenten. Ein Chatbot ist 24 h/7 Tage verfügbar und beantwortet selbstständig Kundenanfragen. Auch Mehrsprachenfähigkeit ist State of the Art. Die Input- und Output-Sprache kann vom Endnutzer frei gewählt werden und bietet somit einen großen Vorteil im Gegensatz zum klassischen Call-Center mit der Abhängigkeit von den Sprachkenntnissen des Call-Center-Mitarbeiters.

Die Erwartung im Customer Support ist, dass ein Großteil der Anfragen automatisch beantwortet wird und nur noch komplexere Sachverhalte eine Intervention durch einen Mitarbeiter benötigen.

Tab. 8.2 Use Case im Customer Support

Fachbereich	Use Case
Vertrieb	• Intelligent Call Routing • Call Intent Discovery • Beantwortung von Kundenanfragen
Marketing	• Auswertung von Umfragen
Customer Service	• Intelligent Call Routing • Call Intent Discovery • Beantwortung von Serviceanfragen

Auch wenn nicht 100 % der Anfragen vollautomatisch von KI beantwortet werden können, so wird zumindest ein Teil der Anfragen ganz ohne Call-Center-Mitarbeiter oder zumindest mit geringem manuellen Aufwand abgearbeitet. Im Zeitablauf und mit zunehmender Datenmenge wird das Modell sukzessive trainiert und der Anteil sollte zugunsten KI steigen, während gleichzeitig der manuelle Aufwand reduziert wird.

Falls die Anfrage einer Interaktion eines Mitarbeiters bedarf, so kann hier ein automatisiertes Call/Anfrage-Routing helfen, indem die Inhalte der Anfrage analysiert werden, um den Sachverhalt dem richtigen und zuständigen Bearbeiter zuzuordnen (Intelligent Call Routing). Eine Sentiment-Analyse kann die Stimmung des Anrufers oder der Anfrage ermitteln und ein Stimmungsbild entwerfen (Call Intent Discovery), wodurch z. B. Reklamationen erkannt werden und entsprechend an ein Customer Care-Team weitergeleitet werden.

Weiteres Potenzial für verbesserte Services besteht darin, dass die Authentifizierung des Kunden bei Kontaktaufnahme gleich entsprechend die Daten z. B. aus einem CRM-System zuordnet und in der Kundenkonversation ein 360-Grad-Blickwinkel auf den Kunden besteht.

Im Marketing kann man von Natural Language Processing profitieren, indem Texte aus Umfragen und Bewertungen analysiert werden, um Erkenntnisse zur Verbesserung der Kundenzufriedenheit und Effizienz zu gewinnen. Die Sentimentanalyse auf große Datenmengen von Kundenumfragen kann die Mustererkennung verbessern und schneller verfügbar machen. Dadurch wird es möglich, die Zeit für die Erstellung von Berichten zu reduzieren und somit auch schneller die Kundenfeedbacks umzusetzen.

8.4.3 Automatisierung

Hierbei geht es um die Effizienzsteigerung und Beschleunigung durch Automatisierung, indem manuelle Arbeitsschritte durch KI-Technologie ergänzt werden oder teilweise auch ersetzt werden (Tab. 8.3).

Wie oben schon erwähnt, bieten sich im Vertrieb vielfältige Anwendungsmöglichkeiten, da sowohl strukturierte und als auch unstrukturierte Daten verarbeitet werden. Genau hier ist das Potenzial für KI zu sehen. Zum Beispiel können im direkten Kundenkontakt Antworten auf Kundenanfragen effizient erstellt werden, indem strukturierte Daten wie die bisher getätigten Käufe kombiniert werden mit einer unstrukturierten Kundenanfrage, um somit dem Kunden genau das passende Produkt anzubieten.

Als Eingabequellen kommen dabei verschiedene Informationsquellen in Betracht, wie beispielsweise E-Mails, Schriftverkehr, Sitzungsprotokolle, Marketingbroschüren, Produktbeschreibungen, Betriebsanleitungen oder auch Informationen aus Verkaufsstatistiken und -berichten. Darüber hinaus kann die generative KI auch Eingaben aus Serviceanfragen, Fehlermeldungen und Fehlerbehebungsanleitungen nutzen, um maßgeschneiderte und auf den jeweiligen Kontext bezogene Inhalte zu generieren. Zusammenfassend ist festzuhalten, dass überall dort, wo neue Inhalte aus vorhandenen

Tab. 8.3 Use Cases für Automatisierung

Fachbereich	Use Case
Vertrieb	• Kundenhistorie • Zusammenfassung von Verkaufsaktivitäten • Umsatzhistorie • Erstellung von Sales Playbooks • Next Best Action-Vorschlag • Updates der Kundendatenbank (zB. Updates im CRM)
Marketing	• Analyse der Wettbewerber • Erstellung von Produktpräsentationen • Erstellung von internen Präsentationen
Customer Service	• Zusammenfassung von Service/Wartungshistorie zu einem Produkt/Kunde • Erstellung von internen Präsentationen • Next Best Action-Vorschlag

Texten und Informationen generiert werden sollen, potenzielle Anwendungsfälle für textgenerierende KI zu sehen sind.

Angebote können maschinell erstellt werden auf der Grundlage einer Segmentierung der Kunden mit ähnlicher Merkmalsausprägung. Damit lassen sich für Kunden innerhalb des gleichen Segments die Angebote vergleichen und typische Muster identifizieren. Ein Kunde mit ähnlicher Ausprägung innerhalb eines Segments bekommt die für andere Kunden des Segments erfolgreichen Angebote unterbreitet – basierend auf historischen Acceptance-Raten im entsprechenden Kundensegment.

Im internen Sales Operations gibt es Anwendungsmöglichkeiten für Routinetätigkeiten: Schreiben von Meetingprotokollen, Analyse des Verlaufs des bisherigen Verkaufszyklus, Suche nach dedizierten Inhalten in Dokumenten wie E-Mail, Angeboten, Verträgen oder Erstellen von Meetingeinladungen.

Im Marketing ist insbesondere die Content-Erstellung sehr aufwandsträchtig. Ganze Marketingabteilungen beschäftigen sich mit Text-, Bild- und Dokumenterstellung. Textgenerierende KI ist hier prädestiniert für verstärkte Automatisierung einhergehend mit einer Beschleunigung der Abläufe.

KI kann die Zeit für Ideenfindung und Content-Erstellung erheblich verkürzen. Sie kann auch die Konsistenz in verschiedenen Dokumenten sicherstellen und somit eine einheitliche Positionierung, Schreibstil und Format gewährleisten. Teammitglieder können über KI zusammenarbeiten, die ihre Ideen in ein zusammenhängendes Ganzes integrieren kann. Dies würde es Teams ermöglichen, die Personalisierung von Marketingnachrichten für verschiedene Kundensegmente, geografische Standorte und Demografien erheblich zu verbessern. Massen-E-Mail-Kampagnen können sofort in beliebig viele Sprachen übersetzt werden, mit unterschiedlichen Bildern und Botschaften je nach Zielgruppe. Die Fähigkeit der generativen KI, Content mit verschiedenen Spezifikationen zu produzieren, kann den Kundennutzen, die Anziehungskraft, die Conversion und die Kundenbindung über die Lebensdauer hinweg und in einem Maßstab erhöhen, der mit herkömmlichen Techniken derzeit nicht möglich ist.

Über die Textgenerierung hinaus, kann KI im Marketing helfen, die Herausforderungen unstrukturierter, inkonsistenter und nicht miteinander verbundener Daten zu bewältigen – beispielsweise aus verschiedenen Datenbanken –, indem sie abstrakte Datenquellen wie Text, Bilder und unterschiedliche Strukturen interpretiert. Sie kann Marketingmanagern helfen, Daten wie die Performance von Gebieten, synthetisiertes Kundenfeedback und Kundenverhalten besser zu nutzen, um datengesteuerte Marketingstrategien wie gezielte Kundenprofile und Kanalempfehlungen zu generieren.

Wettbewerbsanalysen werden auf Grundlage von unstrukturierten Daten und textbasierten Quellen erstellt. Die Datenmenge kann beliebig groß sein. Man stelle sich eine Wettbewerbsanalyse vor für ein global verfügbares Produkt mit dedizierten Analysen für einzelne Absatzmärkte. KI analysiert, strukturiert und erstellt Zusammenfassungen über die Wettbewerber, Preisänderungen, Verkäufe der Konkurrenz und neue Produkteinführungen der Konkurrenz. KI kann nicht nur einmalig eine Analyse erstellen, sondern auch kontinuierlich die Wettbewerbssituation beobachten und Updates liefern.

8.4.4 Next Best Action

Im Verkaufs- oder Serviceprozess oder generell in einem betriebswirtschaftlichen Geschäftsablauf stellt sich stets die Frage nach der optimalen nächsten Aktivität, um einen Geschäftsprozess zu beschleunigen und erfolgreich abzuschließen. Besonders im Verkaufsprozess besteht die Herausforderung, aus zahlreichen möglichen Aktivitäten die erfolgversprechendste Aktion für eine spezifische Kundensituation auszuwählen (Tab. 8.4).

KI hilft hierbei in der Mustererkennung, um aus erfolgreichen Verkaufsprozessen der Vergangenheit zu lernen und Erkenntnisse über erfolgreiche Verkaufsaktivitäten zu gewinnen. Grundlagen sind eine Segmentierung der Kunden sowie typische Muster im Verkaufsprozess im jeweiligen Segment. Dies erfordert ein Training des KI-Modells mit historischen Daten unterschiedlicher Abläufe, um ein möglichst breites Spektrum abzudecken. Wie arbeitet nun die KI? Das Kundenprofil wird abgeglichen mit den Kundensegmenten, um im ersten Schritt das entsprechende Kundensegment zu identifizieren, innerhalb dessen nach dem passenden Verkaufsmuster zur konkreten Kundensituation gesucht wird. Im relevanten Verkaufsmuster wird dann die nächstbeste Aktion als Ergebnis geliefert, die zu der konkreten Verkaufssituation in der Vergangenheit erfolgreich war.

Da die KI eine statische Methode ist und keine 100 % Genauigkeit liefert, ist es sinnvoll, den Vorschlag durch einen Fachexperten prüfen zu lassen und zu ergänzen, anstatt 1:1 umzusetzen.

Tab. 8.4 Use Case für Next Best Action

Fachbereich	Use Case
Vertrieb	• Vorschlag für nächste Aktivität im Verkaufsprozess
Customer Service	• Vorschlag für nächste Aktion im Service/Wartung zu einem Produkt/Kunden

8.4.5 Weitere KI-Anwendungsfälle in der Kundenbetreuung – neben der Textgenerierung

Neben der Textgenerierung existieren auch andere „Generative AI"-Lösungen, die die Qualität von KI-generierten Texten verbessern können. Diese Lösungen verwenden verschiedene Techniken und Modelle, um die erzeugten Texte zu ergänzen. Einige dieser Techniken und KI-Lösungen sind:

Image creation hilft überall dort, wo Bilder, Grafiken erzeugt werden sollen, z. B. für Marketingbroschüren oder Webseiten. Die langwierige Suche nach geeigneten Bildern und Grafiken entfällt, indem das Tool die Bilder genau auf den Bedarf hin erstellt.

Image Recognition hilft im Servicemanagement bei der Fehlererkennung, indem Bildmaterial auf Materialfehler und -schäden untersucht wird und in der Serviceplanung eingesetzt wird.

Speech Recognition and Speech Creation hilft in den Anwendungen, in denen Text durch Sprache ersetzt wird oder umgekehrt Sprache in Text übersetzt wird, z. B. bei Chatbots, die als zusätzliche Eingabe- und Ausgabemöglichkeit Sprache verarbeiten.

8.5 Grenzen der KI

Grenzen der KI werden häufig unter dem Schlagwort „Explainable Artificial Intelligence" diskutiert.[6] Es geht im Wesentlichen darum, die Entstehung der Lösung eines KI-Tools zu beurteilen. Kernfragen sind hierbei ‚*Wie wurde die Lösung modelliert?*', ‚*Wer hat die Modelling durchgeführt?*', ‚*Welche Daten wurden für Training und Validierung des Modells verwendet?*', ‚*Wie wird Ausgewogenheit und Fairness gewährleistet?*'. Sind diese grundlegenden Parameter geklärt, so lassen sich die Auswirkungen für ein Einsatzgebiet ableiten und ebenfalls die Grenzen für ein bestimmtes Einsatzgebiet erkennen.

Grenzen sind insbesondere in Bereichen gesetzt, in denen eine Null-Fehler-Toleranz besteht, weil gesetzliche Auflagen erfüllt werden müssen oder Sicherheitsaspekte eine zentrale Rolle spielen. Als Beispiel seien hier die Finanzberatung oder die Wartung von Flugzeugen erwähnt. Während bei der Finanzberatung enge gesetzliche Grenzen gesetzt sind für eine qualitativ hochwertige und fehlerfreie Beratung – unter Androhung von Strafzahlungen bei Zuwiderhandlung – geht es bei der Flugzeugwartung um nichts weniger als die Flugsicherheit und die Vermeidung von Reputationsschäden im Unglücksfall. In der Finanzberatung gilt deshalb, dass nur eine Einhaltung der gesetzlichen Auflagen die Bank vor Schadensersatzzahlungen schützt. Anlagevorschläge und die Risikoaufklärung werden entweder vom KI-Tool bereitgestellt und können 1:1 vom Finanzberater übernommen werden oder es sind – falls das Tool dies nicht gewährleisten kann – manuelle Prüfungen durch den Finanzberater erforderlich, bevor die Informationen dem Kunden überreicht werden. Bei der Flugzeugwartung empfiehlt es sich, die von einer KI erstellten Service-

---

[6] Uday Kamath, John Liu: Explainable Artificial Intelligence, Springer (2021).

pläne und Reparaturvorschläge durch einen Fachexperten zu prüfen, bevor sie umgesetzt werden, da eine 100 %ige Sicherheit durch die KI zum heutigen Zeitpunkt nicht garantiert werden kann.

Nachvollziehbarkeit und Transparenz sind notwendig, wenn der KI-Output externen Regularien oder firmeninternen Audits unterliegt. In diesen Fällen ist es essenziell zu verstehen, wie das Ergebnis (der Output) mithilfe der KI-Tools entstanden ist und auf welchen Daten es beruht. Es ist notwendig, nachvollziehen zu können, wie das Ergebnis zustande kam, welche Datenquellen verwendet wurden und wie der Algorithmus arbeitet.

Eine KI-Lösung kann gesetzwidrige oder unethische Ergebnisse hervorbringen. Es liegt am Endnutzer zu prüfen, ob er dies nur als Vorschlag/Empfehlung ansieht oder als 100 %ig sichere Lösung mit allen Konsequenzen. Besonders wichtig wird dies z. B. bei Erstellung von Versicherungspolicen, bei der Vergabe von Krediten, fairer Bewerberauswahl oder Erstellung von Best-Preis-Angeboten.

Grenzen der KI sind auch gesetzt, wenn keine klaren Intellectual Property-Regeln und Global Data Privacy Rules (GDPR) für die Nutzung definiert sind. Hierbei besteht das Risiko, dass sensitive und vertrauliche Informationen via KI-Tools öffentlich verfügbar werden. Das kann bedeuten, dass die Daten bei zukünftigen Antworten mitverarbeitet und damit anderen Nutzern verfügbar gemacht werden. Mittlerweile gibt es Enterprise-Modelle der KI-Anbieter, die KI-Tools als Private Cloud anbieten und somit Vertraulichkeit der Daten in einer unternehmensspezifischen Instanz gewährleisten. Eine andere Möglichkeit besteht im Maskieren und/oder im Anonymisieren von Datensätzen, bevor sie in einem LLM in der Public Cloud eingegeben werden. Es werden dabei nur die nicht-sensitiven Bestandteile eines Datensatzes in eine Public Cloud-LLM eingegeben und dort verarbeitet, während die sensitiven Daten in den unternehmensinternen Systemen verbleiben.

Die Grenzen zwischen Rekalibrierung und Validierung verschwimmen. „Die Kombination aus selbstlernenden Algorithmen und täglich neu verfügbaren (Massen-)Daten führt dazu, dass die Rekalibrierungszyklen von Modellen und Algorithmen immer kürzer werden; die Grenzen zwischen Kalibrierung und Validierung verschwimmen," erklärt die BaFin.[7] Es ist zu verhindern, dass für die Kalibrierung des Modells und die Tests des Modells die gleichen Daten verwendet werden, auch wenn kurzfristig neu verfügbare Datensätze nur in geringer Anzahl vorhanden sind. Kalibrierung und Test funktionieren nur dann sinnvoll, wenn dafür unterschiedliche Datensätze herangezogen werden.

---

[7] https://qonto.com/de/blog/news/tech-und-cybersicherheit/kunstliche-intelligenz-finanzbranche#risiken-von-kuenstlicher-intelligenz-im-banking-bereich. Zugegr: 15. September 2023.

8.6 Zusammenfassung

Die Integration von Künstlicher Intelligenz für Textgenerierung bietet zweifelsohne zahlreiche Vorteile in der Kundenbetreuung, insbesondere in Bezug auf Qualitäts- und Effizienzsteigerung und Beschleunigung von Geschäftsabläufen. KI-Systeme sind in der Lage, große Mengen von Kundeninteraktionsdaten – strukturierte und unstrukturierte Daten aus verschiedenen Datenquellen auch in wenig standardisierten Geschäftsprozessen – zu analysieren und daraus wertvolle Erkenntnisse zu gewinnen, die zur Verbesserung des Kundenservices beitragen können. Dies ermöglicht es Unternehmen, fundierte Entscheidungen zu treffen und ihre Kundenkommunikation kontinuierlich zu optimieren.

Eine der bedeutendsten Stärken von KI liegt in der Automatisierung von Aufgaben, die zuvor von Kundenbetreuern erledigt wurden. Dies führt zu einer erheblichen Zeitersparnis und ermöglicht es den Mitarbeitern, sich verstärkt auf die Interaktion mit Kunden und die Lösung komplexer Kundensituationen zu konzentrieren. Durch die Annahme oder Ablehnung der Lösungsvorschläge wird ein Feedback an die KI gegeben. Im Zeitablauf wird mit Anzahl der verfügbaren Daten das Modell sukzessive trainiert und liefert präzisere Ergebnisse.

Die Personalisierung ist ein weiterer großer Vorteil, der durch die Einbindung von kundenspezifischen Daten möglich wird. Kundenspezifische und kontextsensitive, qualitative hochwertige Outputs von LLMs erfordern die Anbindung eines CRM-Systems und aus Datenschutzgründen idealerweise eine kundenspezifische LLM-Instanz.

Trotz dieser Vorteile ist es wichtig, die mit der Verwendung in der Kundenbetreuung verbundenen Risiken zu berücksichtigen. Insbesondere in Bezug auf den Schutz sensibler Kundendaten ist darauf zu achten, dass der LLM Model-Anbieter die IP-Rechte und GDPR-Regelungen gewährleistet.

Die KI-Technologie kann in vielen Fällen keine 100%ige Richtigkeit hinsichtlich des Ergebnisses gewährleisten. Deshalb sollte, wenn möglich, ein Experte die Ergebnisse validieren, bevor sie an den Kunden überreicht werden, insbesondere in Bereichen mit Null-Fehler-Toleranz. Ein zentraler Punkt für die Zukunft ist, dass der Output erklärbar ist, was unter dem Begriff „Explainable AI" breit diskutiert wird.

Darüber hinaus ist zu beachten, dass KI-Systeme zwar viele Aufgaben effizient erledigen können, aber nicht in der Lage sind, sehr komplexe Kundensituationen zu lösen, die auf Informationen außerhalb von IT-Systemen beruhen. Neue und komplexe Angebote erfordern immer noch Vertriebsmitarbeiter, die wahrgenommene und latente Bedürfnisse erkennen und Informationen berücksichtigen, welche nicht in IT-Systemen gespeichert sind.

Literatur

1. Statista. (2023). Threads shoots past one million user mark at lightning speed. https://www.statista.com/chart/29174/time-to-one-million-users/. Zugegriffen am 15.09.2023
2. MIT. (2023). Shakked Noy, Whitney Zhang: Experimental evidence on the productivity effects of generative artificial intelligence; March 2, 2023 Working paper (not peer reviewed). https://bootcamp.uxdesign.cc/chatgpt-boosts-productivity-by-40-and-quality-by-20-says-mit-study-47a96403b64f. Zugegriffen am 20.09.2024
3. Harvard Business Review. (2023). How generative AI will change sales. https://hbr.org/2023/03/how-generative-ai-will-change-sales. Zugegriffen am 20.09.2024
4. McKinsey. (2023). The state of AI in 2023: Generative AI's breakout year. https://www.mckinsey.com/capabilities/quantumblack/our-insights/the-state-of-ai-in-2023-generative-AIs-breakout-year. Zugegriffen am 20.09.2024
5. Gartner. (2023). Generative AI: What is it, tools, models, applications and use cases. https://www.gartner.com/en/topics/generative-ai. Zugegriffen am 20.09.2024
6. Barton, T., & Müller, C. (2021). *Künstliche Intelligenz in der Anwendung – Rechtliche Aspekte, Anwendungspotenziale und Einsatzszenarien*. Springer.
7. Charu, C. (2022). *Aggarwal: Machine learning for text* (8. Aufl.). Springer.
8. Alpaydin, E. (2022). *Maschinelles Lernen* (3. Aufl.). De Gruyter Oldenbourg.
9. Kamath, U., & Liu, J. (2021). *Explainable artificial intelligence*. Springer.

9 Multimodales Fenster in die Vergangenheit der ehemaligen Vauban-Festung Saarlouis mittels ChatGPT

Alice Virginia Chase, Margarita Chikobava, Matthieu Deru, Christian Hauck, Peter Poller, Alassane Ndiaye, Jörg Baus, Thomas Achim Schmeyer, Ralf Gampfer und Boris Brandherm

9.1 Einleitung und Motivation

Für die ehemalige Festungsstadt Saarlouis wurde im Rahmen des Projektes 5G-SLS eine touristische Mixed-Reality-Anwendung auf der HoloLens 2 von Microsoft entwickelt (siehe [1]). Für diese Anwendung wurde nun eine ChatGPT-Erweiterung prototypisch erarbeitet (siehe [2]), die natürlichsprachliche Fragen der Besucher über die Geschichte der Festungsstadt Saarlouis entgegennimmt und diese beantwortet. Nach einer kurzen Vorstellung der Festungsstadt Saarlouis und der Tourismus-Anwendung SaAR-Louis wird auf die Erweiterung der Anwendung um ChatGPT eingegangen.

Im Jahr 1680 ordnete der französische König Ludwig XIV. (Louis XIV, auch bekannt als Sonnenkönig) zum Schutz der neuen Ostgrenze Frankreichs sowie der Festung Metz den Bau der Festung Saarlouis (ursprünglicher Name: Sarre-Louis) an. Er beauftragte damit den französischen Baumeister Sébastien Le Prestre de Vauban, der die Festungsstadt an der Saar in symmetrischer Sternform mit sechs Bastionen (siehe Abb. 9.1) entwarf. Die Festungsstadt durchlebte eine wechselhafte Geschichte. Mit dem Wiener Kongress und dem Zweiten Pariser Frieden vom 20. November 1815 wurde Saarlouis an das

---

A. V. Chase · M. Chikobava · M. Deru · C. Hauck · P. Poller · A. Ndiaye · J. Baus ·
T. A. Schmeyer · B. Brandherm (✉)
Deutsches Forschungszentrum für Künstliche Intelligenz GmbH, Saarbrücken, Deutschland
E-Mail: Alice.Chase@dfki.de; Margarita.Chikobava@dfki.de; Matthieu.Deru@mat-d.com;
Christian.Hauck@dfki.de; Peter.Poller@dfki.de; Alassane.Ndiaye@dfki.de;
Joerg.Baus@dfki.de; Thomas_Achim.Schmeyer@dfki.de; Boris.Brandherm@dfki.de

R. Gampfer
Hochschule Worms, Worms, Deutschland
E-Mail: Gampfer@HS-Worms.DE

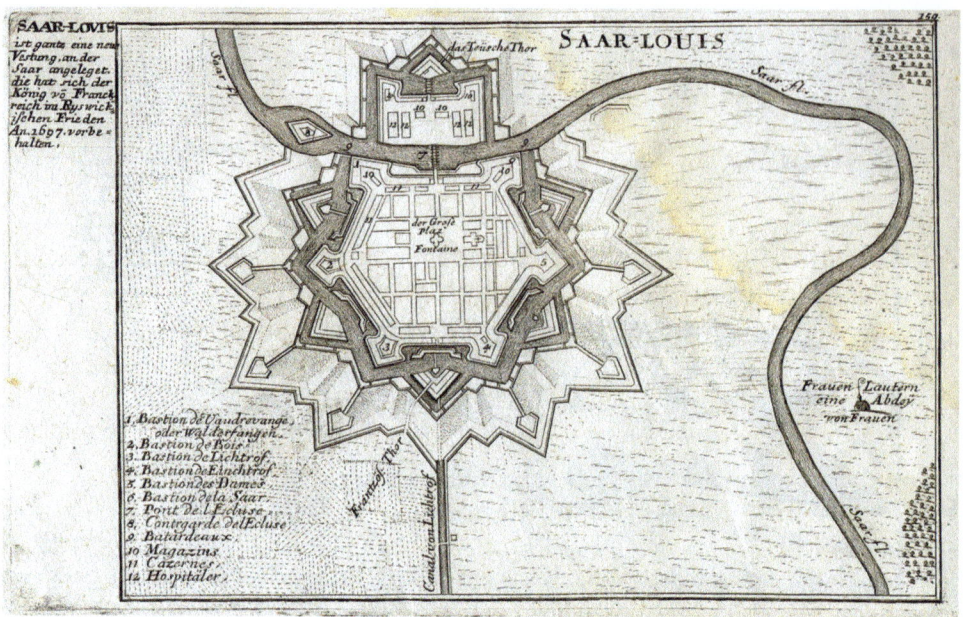

Abb. 9.1 Plan der Festung Saarlouis (siehe 3)

Königreich Preußen angegliedert. So finden sich neben den Bauwerken von Vauban auch noch einige Anlagen, die nach dem Abzug der Franzosen von den Preußen ab 1816 unter der Gesamtleitung des Generalmajors Gustav von Rauch, des Generalinspekteurs aller preußischen Festungen, angelegt wurden. Die ehemalige Festung Saarlouis prägt noch heute den sechseckigen Grundriss des Stadtzentrums. Im Zweiten Weltkrieg wurden große Teile der Stadt zerstört. Während der Wiederaufbauphase wurden radikale Veränderungen an den historischen Strukturen vorgenommen, um die Stadt an den wachsenden Autoverkehr anzupassen, sodass Teile der Festung verschüttet wurden.

Vor diesen interessanten geschichtlichen Hintergründen wurde eine Mixed-Reality-Anwendung angestrebt, die (teilweise) verlorene Teile der Festung an ihren ursprünglichen Standorten mithilfe von 5G virtuell wieder zum Leben erweckt. Dank Geolokalisierung und 3D-Scanning der Umgebung der Anwendung können Touristen auf einzigartige Weise virtuell in 3D rekonstruierte, nicht mehr existierende Gebäude entdecken und beispielsweise durch Sprachbefehle [4] Animationen starten, wie z. B. den virtuell nachempfundenen Brand der alten Ludwigskirche. Dabei erweitert die Tourismus-Anwendung namens „SaAR-Louis" die Erklärungen des Stadtführers um holografische Informationen auf der HoloLens 2 und ersetzt den Stadtführer nicht.

Im Folgenden wird auf verwandte Arbeiten eingegangen, die Tourismus-Anwendung „SaAR-Louis" mit seiner Architektur beschrieben sowie deren Erweiterung um ein auf ChatGPT-basierendes Dialogsystem vorgestellt.

9.2 Verwandte Arbeiten

Mit dem Aufkommen von Augmented und Mixed Reality (AR/MR)-Geräten (bspw. Google Glass oder Magic Leap) sowie beliebten AR-Apps (z. B. Shopify AR, IKEA Place, BBC's Civilizations oder Google Lens) sind neue Möglichkeiten zur Interaktion mit der Umwelt entstanden. Beliebte Tourismus-Apps (z. B. Peak Lens [5] für Namen und Standorte von Bergen und Hügeln oder CityGuyd [6] für tiefere Einblicke an bestimmten Orten) haben bereits den informativen Wert dieser immersiven Fähigkeiten im Tourismussektor bewiesen. Einige dieser Anwendungen sind nur für Smartphones oder Tablets verfügbar und nutzen Sensoren wie GPS oder die Ausrichtung des Gyroskops in Kombination mit der Kamera, um zusätzliche Informationen über den Live-Feed zu legen. Neuere MR-Geräte wie z. B. die HoloLens 2 bieten weitere technische Möglichkeiten. Sie erfassen bspw. über einen integrierten 3D-Scanner die Umgebung des Nutzers in 3D, um 3D-Modelle an einer präzisen Geoposition anzuzeigen. Der Nutzer kann zudem „freihändig" und per Sprache interagieren, welches eine multimodale Interaktion ermöglicht.

In den letzten Jahren sind touristische Apps entstanden, die Mixed Reality nutzen. Eine davon war „Speicherstadt digital" [7], die Einblicke in die Geschichte der Hamburger Speicherstadt mit historischen Fotos, Hintergrundinformationen und Hörspielen bietet. An speziellen Stationen können Besucher zum Beispiel die Arbeit im Kesselhaus der Speicherstadt in einer virtuellen 3D-Welt nachspielen, wie bspw. Kohle schaufeln oder Maschinen bedienen. Vor Ort kann jeder mit Augmented Reality auf seinem Smartphone oder Tablet einen direkten Vergleich zwischen heute und damals anstellen. Wenn Besucher ihre Umgebung über die AR-App betrachten, zeigen historische Aufnahmen, wie die Speicherstadt früher aussah.

Ein Team von Informatikern erstellte 2011 in enger Zusammenarbeit mit dem Stadtmuseum Saarlouis ein detailliertes 3D-Computermodell der historischen Festung Saarlouis [8]. Die Forscher studierten alte Pläne, Skizzen und Kupferstiche, um die Dimensionen der Häuserfronten und Gebäudeansichten sowie die verwendeten Materialien und Farben zu rekonstruieren. Museumsbesucher können sich auf einem Kiosk-Terminal die in 3D rekonstruierte Festungsstadt anschauen und erhalten so einen Eindruck davon, wie weit die befestigte Stadt ins damalige Umland reichte.

Die Stadt Luxemburg startete 2018 ein Virtual-Reality-Projekt [9]. Touristen genießen in einem Bus oder einer Pferdekutsche eine virtuelle Reise durch die Geschichte des Stadtteils Pfaffenthal, die sieben Stationen an historisch bedeutsamen Punkten umfasst. Wenn ein Tourist sein Smartphone auf ein Gebäude richtet, werden historische Fotos des Ortes oder Gebäudes, alte Filme, animierte Modelle oder sogar die 3D-Ansicht der historischen Baustelle neben dem Bild von heute angezeigt.

Im Musée des Plans-Reliefs in Paris können Besucher eine Sammlung von physischen dreidimensionalen Militärmodellen befestigter Städte, die so genannten „Plans-Reliefs", besichtigen. Anlässlich einer Ausstellung wurde für den aus dem 17./18. Jahrhundert stammenden Plan-Relief des „Mont Saint-Michel", einer mittelalterlichen Abtei auf einer

Gezeiteninsel in Frankreich, vorübergehend eine Mixed-Reality-Anwendung auf der HoloLens 2 angeboten und dauerhaft auf Tablets realisiert [10, 11]. Für die atemberaubende fotorealistische Augmentation der Reliefkarte der Abtei verarbeitete eine künstliche Intelligenz hunderttausende Kamera- und Drohnenaufnahmen.

Mittels einer AR-App können Besucher den ursprünglichen Zustand des Klosters Corvey in Nordrhein-Westfalen betrachten und zusätzliche Informationen erhalten [12]. Hierfür haben Forscher sowohl beschädigte als auch zerstörte Stuckfiguren und Wandmalereien der gesamten Basilika als 3D-Modelle aufwendig rekonstruiert.

In [13] werden die ersten Ergebnisse eines Feldtests mit dem ChiM-System (Chatbot im Museum) zusammengefasst. Museumsbesucher können das System nutzen, um freie Fragen zu den Exponaten in der Ausstellung im Städel Museum in Frankfurt zu stellen. Das System enthält eine Natural Language Understanding-Komponente, die die Benutzereingaben in Absichten übersetzt und eine multimodale (hauptsächlich gesprochene und textuelle) Ausgabe produziert.

9.3 Die Tourismus-Anwendung SaAR-Louis

Mit der Tourismus-Anwendung SaAR-Louis wurde eine Mixed-Reality-Anwendung entwickelt, die hochwertige 3D-Modelle historischer Gebäude und animierte 3D-Charaktere interaktiv und maßstabsgetreu auf der HoloLens 2 darstellt und somit eine Stadtführung auf immersive und spielerische Weise erweitert. Das heißt, eine übliche Stadtführung mit Stadtführer wird um 3D-Inhalte ergänzt und nicht ersetzt. Die Inhalte und deren Darstellung wurden zusammen mit dem Stadtmanagement und Museumsvertretern der Stadt Saarlouis entworfen. Man fokussierte sich dabei auf die Darstellung nicht mehr vorhandener alter Gebäude und Bauwerke, um diese in ihrer ursprünglichen Größe an ihrem alten Standort zum Leben zu erwecken. Die 3D-Rekonstruktionen fügen sich in das Gesamtbild ein und ergänzen die verbliebenen Bauwerke der alten Stadt. Die virtuellen Bauwerke lassen sich durchschreiten und bieten so den Touristen ein immersives Erlebnis.

Abb. 9.2 zeigt die aktuelle Ansicht des abgerissenen Deutschen Tores und Aufnahmen aus der HoloLens 2-Anwendung mit der in-situ 3D-Visualisierung der virtuellen Rekonstruktion des Deutschen Tores aus verschiedenen Blickwinkeln. Abb. 9.3 verdeutlicht die Ausmaße, die die HoloLens 2-Anwendung visualisieren kann. Gezeigt werden die aktuelle Ansicht des „Ravelin V" in Saarlouis und dessen 3D-Visualisierung als vollständige Mauer und nur der fehlenden Teile.

Die Anwendung verbindet u. a. 3D-Modelle der Festung, historische Zeichnungen, Fotos, Ton- und Filmaufnahmen und animierte 3D-Charaktere, um Touristen während ihrer Stadtführung durch Saarlouis virtuell zu begleiten (siehe Abb. 9.4). Diese Inhalte bilden die Grundlage für die geolokalisierte, adaptive Erzeugung der interaktiven Präsentationen. Der Service-Mashup-Ansatz ermöglicht es, weitere Dienste für Touristen (z. B. Übersetzung, Kulturprogramm) hinzuzufügen.

Abb. 9.2 Ansicht „Deutsches Tor" [14] in Saarlouis ohne virtuelle Rekonstruktion (oben) und Aufnahmen aus der HoloLens 2-Anwendung mit der virtuellen Rekonstruktion (unten links und rechts)

Abb. 9.3 Aktuelle Ansicht des ehemaligen „Ravelin V" in Saarlouis (oben) und Aufnahmen aus der HoloLens 2-Anwendung des rekonstruierten „Ravelin V": 3D-Visualisierung der vollständigen Mauer (unten links), 3D-Visualisierung nur der fehlenden Teile (unten rechts)

In der obersten Schicht, „Service-Mashups, Anwendungen", wird dem Nutzer auf der HoloLens 2 eine interaktive Schnittstelle angezeigt, über die er Fragen über die historischen Gebäude von Saarlouis stellen kann, die als 3D-Modelle dargestellt werden. Über die Ebene „Inhalte, Dienste und Daten" kann das Dialogsystem auf Dienste und Inhalte zugreifen wie bspw. auf Audioeingabe und Audioausgabe oder eine Datenbank mit Informationen über Saarlouis und die 3D-Modelle. Die HoloLens 2 selbst besitzt keinen

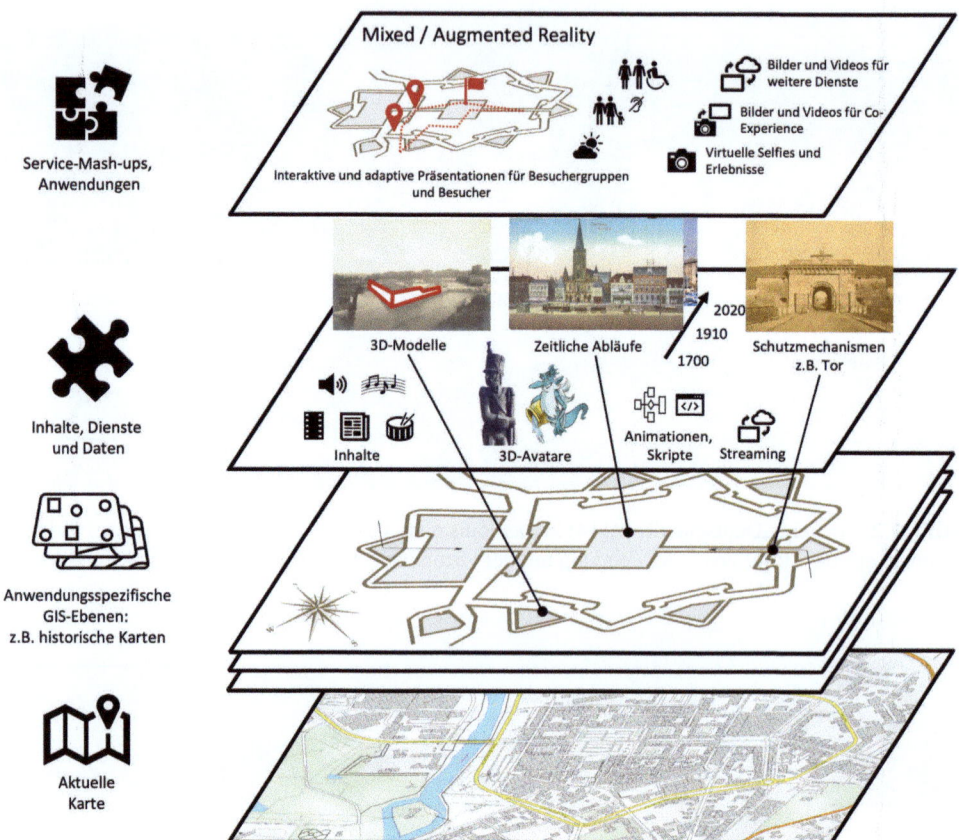

Abb. 9.4 Mixed-Reality-Framework für die HoloLens-Anwendung. Die Chatbot-Funktion bezieht sich im aktuellen Prototyp auf die Ebenen „Service-Mashups, Anwendungen" und „Inhalte, Dienste und Daten"

GPS-Sensor; die räumliche Information wird anhand der Position der 3D-Modelle in Bezug auf den Benutzer ermittelt. Aufgrund der begrenzten Ressourcen der HoloLens 2 werden viele der Inhalte und Daten nicht auf der HoloLens 2 selbst gespeichert, sondern gestreamt oder von APIs wie den Sprachdiensten, dem Sprachmodell und der Datenbank aufgerufen.

Im folgenden Kapitel wird gezeigt, wie die Tourismus-Anwendung SaAR-Louis prototypisch um ein Dialogsystem erweitert wurde, mit dem Touristen Fragen beispielsweise zu Gebäuden, Bauwerken oder historischen Persönlichkeiten stellen können.

9.4 Dialogsystem

Für die oben vorgestellte Tourismus-Anwendung wurde nun eine ChatGPT-Erweiterung prototypisch erarbeitet, die natürlichsprachliche Fragen der Besucher über die Geschichte der Festungsstadt Saarlouis entgegennimmt und diese beantwortet (siehe Abb. 9.5). Der Fokus liegt auf der Verwendung von ChatGPT, und es wird weitestgehend von implementationsspezifischen Aspekten abstrahiert wie bspw. LangChain, Python, C# oder Chroma, auf die an dieser Stelle auch nicht eingegangen werden soll.

Das Dialogsystem nutzt das Sprachmodell GPT-4 von ChatGPT. ChatGPT ist ein umfangreiches, transformatorbasiertes Sprachmodell, welches sich großer Beliebtheit erfreut. Es wird in vielen Bereichen eingesetzt, da es sehr natürlich klingende Antworten auf eine Vielzahl von Themen liefert.

ChatGPT ist ein textbasiertes Werkzeug, welches in Textform Anfragen entgegennimmt und wiederum in Textform seine Antworten liefert. Ein Anwender der Tourismus-Anwendung soll jedoch seine Fragen nicht eintippen und die Antworten ablesen müssen, sondern mündlich natürlichsprachliche Fragen an die Tourismus-Anwendung stellen können und natürlich klingende Antworten erhalten. Die Tourismus-Anwendung soll dazu um eine Spracheingabe und eine Sprachausgabe ergänzt werden. Dazu ist es notwendig, in die Tourismus-Anwendung Speech-to-Text- und Text-to-Speech-Systeme einzubauen, um ChatGPT auf der HoloLens 2 mittels Spracheingabe und Sprachausgabe nutzen zu können.

9.4.1 Spracheingabe und Sprachausgabe

Die HoloLens 2 ist mit einem 5-Kanal-Mikrofon-Array für die Audioeingabe und räumlichen Audiolautsprechern für die Audioausgabe ausgestattet. Die HoloLens 2 verfügt bereits über einige eigene Spracherkennungsfunktionen. Diese sind jedoch auf spezifische Befehle und kurze Phrasen eingeschränkt.

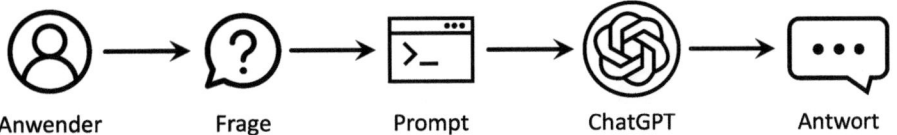

Abb. 9.5 Vereinfachte Sicht auf die Abarbeitung einer Frage eines Anwenders an ein Sprachmodell. Die Benutzeranfrage wird in den Prompt eingefügt. Der Prompt wird an ChatGPT gesendet, welches eine Antwort zurückgibt

Mit den in der HoloLens 2 eingebauten Mikrofonen lässt sich Sprache sehr leicht als Audiosignal aufnehmen. Ebenso lässt sich über die eingebauten Lautsprecher Audio abspielen. Für die Umwandlung des eingehenden Audiosignals in Text wird eine Spracherkennung (Speech-to-Text-System, STT-System) und für die Umwandlung der textuellen Antwort in Audio eine Sprachsynthese (Text-to-Speech-System, TTS-System) jeweils für die deutsche Sprache benötigt. Für die deutsche Sprache existieren hochwertige STT- und TTS-Systeme (für unterrepräsentierte Sprachen existieren solche hochwertigen STT- und TTS-Systeme nicht). Die Qualität einer Spracherkennung hängt von vielen Faktoren ab wie bspw. den Umgebungsgeräuschen, der grammatikalischen und semantischen Robustheit des Modells sowie den soziolinguistischen und persönlichen Variablen wie Sprechgeschwindigkeit, Akzent oder Dialekt. Eine Sprachsynthese muss aus Text eine Ausgabe erzeugen, die nicht nur verständlich ist, sondern dazu auch natürlich klingt. [15] evaluierte verschiedene Systeme für einen Serviceroboter, wobei Azure im Vergleich zu anderen Diensten am besten abschnitt, sodass man sich in diesem Projekt für Microsofts Azure API entschied. Das Modell von Azure lässt sich um domänenspezifisches Vokabular ergänzen.

In Abb. 9.6 liegt der Fokus auf der Umwandlung der gesprochenen Sprache (der Frage) in Text und die Umwandlung der Antwort in Sprache. Um die Spracheingabe des Benutzers in eine Zeichenkette zu transkribieren, wird der Speech-to-Text-Dienst von Azure genutzt. Diese Zeichenkette wird dann in den Prompt integriert und an das Sprachmodell gesendet.

Der Standard-Text-to-Speech-Dienst von Azure benötigt eine vollständige Eingabesequenz, um die Sprache zu synthetisieren. Dies macht Text-to-Speech für die Antwort etwas komplizierter. ChatGPT liefert nach und nach Token, die nach und nach die Antwort bilden. Da diese Token nur Wortabschnitte und nicht unbedingt ganze Wörter darstellen, müssen die einkommenden Token verarbeitet und die durch Leerzeichen und Interpunktion gekennzeichneten Wortgrenzen gefunden und zu Textabschnitten zusammengefügt werden. Zu kleine Abschnitte führen zu unnatürlich klingender Sprache; zu große Abschnitte können Verzögerungen verursachen.

Damit sind die direkten Ein-/Ausgabekanäle des Dialogsystems beim Touristen realisiert. Im Folgenden wird auf die Einbindung von ChatGPT in das System und die An-

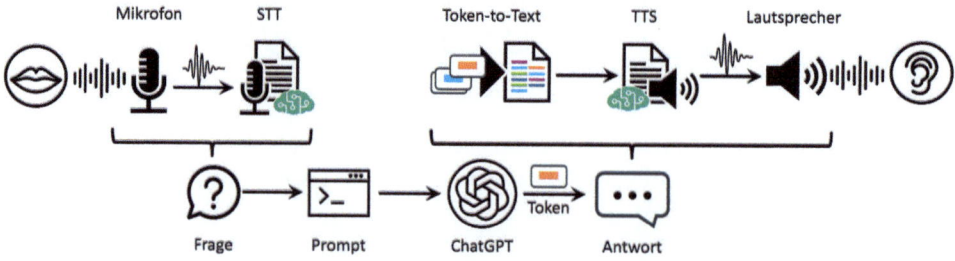

Abb. 9.6 Speech-to-Text für die Frage und Text-to-Speech für die Antwort

passung von ChatGPT mittels einer benutzerdefinierten Wissensdatenbank (Fachwissen) eingegangen.

9.4.2 Benutzerdefinierte Wissensdatenbank

Die Tourismus-Anwendung SaAR-Louis benötigt für manche Fragen der Touristen sehr spezifisches Fachwissen, um diese beantworten zu können. Dieses Fachwissen ist jedoch im großen Sprachmodell (in unserem Fall ChatGPT) wenn überhaupt nur rudimentär enthalten. Folglich muss dieses Fachwissen irgendwie integriert werden, sodass es bei der Beantwortung der Fragen herangezogen werden kann. Prompts lassen sich um zusätzliche Informationen ergänzen. Diese sogenannte Prompt-Augmentation kann die Modellleistung verbessern [16]. Dazu kann eine sogenannte benutzerdefinierte Wissensdatenbank abgefragt und die zurückgelieferten Informationen an das Sprachmodell gegeben werden.

Für die Anpassung an das benötigte Fachwissen für die Tourismus-Anwendung SaAR-Louis hat man die benutzerdefinierte Wissensdatenbank mit Dokumenten (wie beispielsweise die Lehrunterlagen für die freiwilligen Stadtführer) des Museums Saarlouis und Information aus Wikipedia „gefüttert". In Abb. 9.7 sind exemplarisch Textauszüge aus Wikipedia und aus den Lehrunterlagen für die Stadtführer dargestellt.

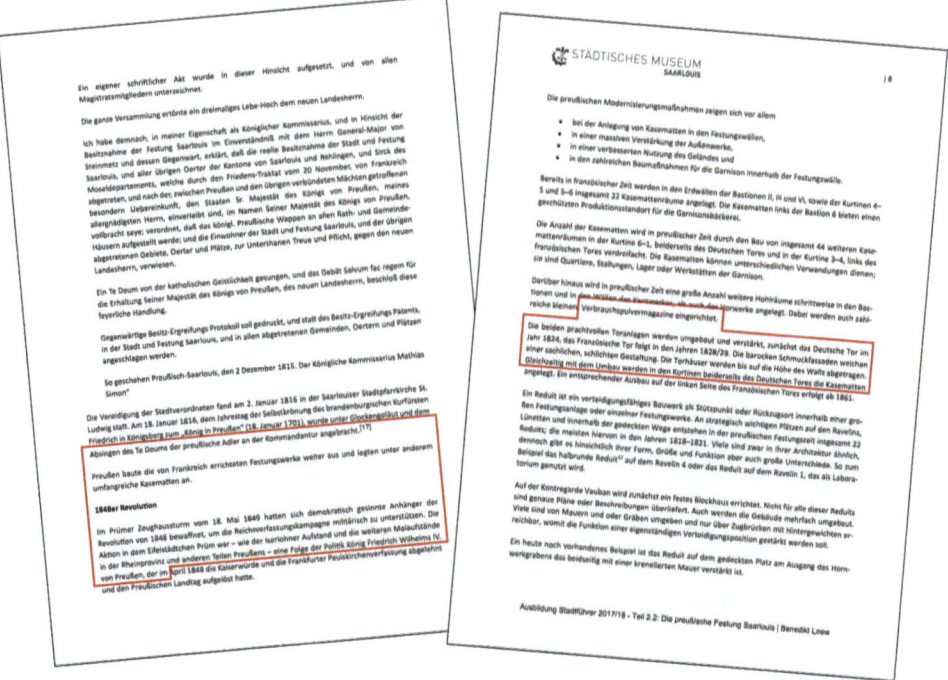

Abb. 9.7 Textauszüge aus Wikipedia und aus den Lehrunterlagen für die freiwilligen Stadtführer. Die rot hervorgehobenen Textabschnitte (Chunks) liefert bspw. die Abfrage „Deutsches Tor"

Bei Dokumenten wie bspw. den Lehrunterlagen für die Stadtführer spricht man von unstrukturierten Daten. Diese unstrukturierten Daten müssen in eine Struktur umgewandelt werden, die von Software leicht verarbeitet werden kann. Das Vorgehen ist wie folgt: Aus den Dokumenten wird zuerst der Text extrahiert, der dann in kleinere Textabschnitte, sogenannte Chunks, mit einer gewissen Überlappung der Token aufgeteilt wird. (Die Aufteilung der Texte in Chunks ist eine Wissenschaft für sich und würde den Rahmen dieser Publikation sprengen. Im Fall der Tourismus-Anwendung betrug die Größe der Textabschnitte 500 Token mit einer Überlappung von 50 Token. Diese willkürlich gewählten Werte lieferten gute Ergebnisse. Vor der Aufteilung des Textes in Chunks ließe sich der Text noch entsprechend vorverarbeiten, sodass bspw. jeder Textabschnitt und eventuell auch jeder Satz im Textabschnitt für sich selbsterklärend ist und es keine Verweise auf Texte davor gibt, die sich nicht auflösen lassen.) Die Textabschnitte werden in Embedding-Vektoren (kurz auch „Embeddings" genannt) konvertiert. Die Embedding-Vektoren werden mit ihren Textabschnitten in der Vektordatenbank gespeichert.

Die Erstellung der Vektordatenbank erfolgt als Vorverarbeitungsschritt und muss nur einmal durchgeführt werden. Einzelne Dokumente können bei Bedarf später geändert oder hinzugefügt werden, ohne dass die gesamte Vektordatenbank neu erstellt werden muss. Der eben beschriebene Prozess zur Erstellung einer Vektordatenbank ist in Abb. 9.8 dargestellt.

Die Tourismus-Anwendung verwendet eine quelloffene Einbettungsdatenbank [17], die über verschiedene Funktionen zur effektiven Speicherung, Abfrage und Filterung der Daten (mit Metadaten) verfügt. Vektordatenbanken indizieren die Embedding-Vektoren im Allgemeinen durch approximative Nearest Neighbour-Methoden, um eine für die Anwendung notwendige schnelle Suche der Embedding-Vektoren zu ermöglichen, indem nur eine Teilmenge der Daten durchsucht werden muss. Es lassen sich nicht nur die dazugehörigen Chunks abrufen, sondern auch die zugehörigen Metadaten und der Ähnlichkeitswert. Zum Beispiel liefert die Abfrage „Deutsches Tor" mit $k = 2$, wobei k für die Anzahl der Dokumente (Textabschnitte bzw. Chunks) steht, die folgenden Informationen (siehe auch Abb. 9.7):

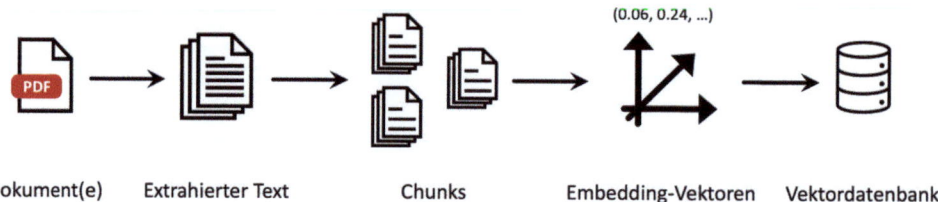

Dokument(e)   Extrahierter Text   Chunks   Embedding-Vektoren   Vektordatenbank

Abb. 9.8 Prozess zur Erstellung der Vektordatenbank (benutzerdefinierte Wissensdatenbank) aus Dokumenten

Chunk „Verbrauchspulvermagazine eingerichtet. Die beiden prachtvollen Toranlagen werden umgebaut und verstärkt, zunächst das „Deutsche Tor" im Jahr 1824, das „Französische Tor" folgt in den Jahren 1828/29. Die barocken Schmuckfassaden weichen einer sachlichen, schlichten Gestaltung. Die Torhäuser werden bis auf die Höhe des Walls abgetragen. Gleichzeitig mit dem Umbau werden in den Kurtinen beiderseits des Deutschen Tores die Kasematten"

Metadaten ‚Seite': 8, ‚Quelle': ‚Modul-2-2.2-Preuß-Festung-SLS.pdf'

Ähnlichkeitswert 0.26499634981155396

Chunk „Absingen des Te Deums der preußische Adler an der Kommandantur angebracht. Preußen baute die von Frankreich errichteten Festungswerke weiter aus und legte unter anderem umfangreiche Kasematten an. Im Prümer Zeughaussturm vom 18. Mai 1849 hatten sich demokratisch gesinnte Anhänger der Revolution von 1848 bewaffnet, um die Reichsverfassungskampagne militärisch zu unterstützen. Die Aktion in dem Eifelstädtchen Prüm war – wie der Iserlohner Aufstand und die weiteren Maiaufstände in der Rheinprovinz und anderen Teilen Preußens – eine Folge der Politik König Friedrich Wilhelms IV. von Preußen, der im"

Metadaten ‚Seite': 7, ‚Quelle': ‚Saarlouis-1.pdf'

Ähnlichkeitswert 0.34101513028144836

Wenn ein Tourist nun eine Frage stellt (siehe Abb. 9.9), wird diese Frage in einen Embedding-Vektor transformiert. Mit der Vektordatenbank lassen sich nun schnell die am engsten mit diesem Embedding-Vektor korrespondierenden Vektoren finden – also jene Chunks, die die höchste Ähnlichkeit aufweisen. Die abgerufenen Dokumente werden zu-

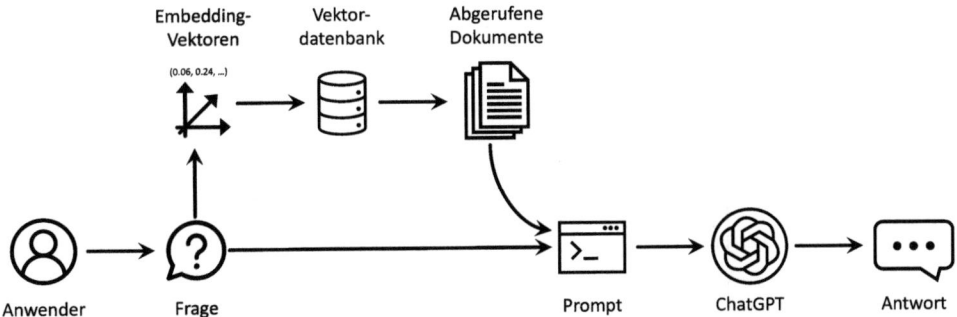

Abb. 9.9 Abarbeitung einer Frage eines Anwenders an die HoloLens 2-Anwendung mit der benutzerdefinierten Wissensdatenbank

sammen mit der Frage als Prompt formuliert. Dieser Prompt geht an das Sprachmodell, welches die Antwort generiert.

Über den Prompt und Sprachmodell-Parameter lässt sich das Verhalten des Sprachmodells steuern. Wie dies geht und was dabei zu beachten ist, wird im folgenden Abschnitt gezeigt.

9.4.3 Prompt und Sprachmodell-Parameter

Ein Prompt dient als Eingabe für das Sprachmodell und ist wie das Sprachmodell für die Qualität der Antwort verantwortlich. Ein Prompt sollte so präzise wie möglich formuliert werden. Je spezifischer der Prompt formuliert wird, desto gezielter sind die vom Sprachmodell gelieferten Antworten. Man sollte klar formulierte und kürzere Sätze verwenden und komplexe und lange Sätze lieber vermeiden.

Über den Prompt lassen sich eine Reihe von Anweisungen, Beispiele oder Eingabetexte mitgeben, die die Art und Weise, wie das Sprachmodell antwortet, steuern. Der Prompt kann Kontextinformationen für die Interaktion mitgeben und angeben, welche Informationen wichtig sind [18, 19].

Sprachmodelle können empfindlich auf Prompts reagieren. Manchmal muss der Prompt auf eine bestimmte Weise formuliert werden, um das relevante Wissen, nach dem der Prompt fragt, aus dem Sprachmodell abzurufen [19]. Es lassen sich auf verschiedene Art und Weise automatisch Prompts generieren, die einander semantisch ähnlich sind und in der Gesamtheit bei der Abfrage eines Sprachmodells eine höhere Genauigkeit erzielen als ein einzelner manuell erstellter Prompt [19].

Beim dialogorientierten Frage-Antwort-Chatbot für die Tourismus-Anwendung soll der Anwender frei in der Formulierung seiner Fragen sein und auf jede seiner Fragen eine geeignete Antwort erhalten. Die Antworten sollen nicht einfach wortwörtlich die Texte aus den Trainingsdokumenten wiedergeben [20] und freundlich und mit Enthusiasmus formuliert sein [21].

Die Ausgabe eines Sprachmodells lässt sich neben dem Prompt über Sprachmodell-Parameter anpassen. Die wichtigsten Sprachmodell-Parameter lauten:

- *temperature:* Dieser Parameter steuert die Kreativität der Antworten. Der Parameter kann Werte zwischen 0 und 1 annehmen. Hat der Parameter den Wert 0, so sind die Antworten weitgehend deterministisch, während beim Wert 1 die Antworten sehr variabel ausfallen.
- *max_tokens:* Dieser Parameter steuert die Länge der Ausgabe. Bei Open AI entsprechen 2048 Token in etwa 1500 Wörtern.
- *messages:* Dieser Parameter stellt die Konversationshistorie dar und umfasst die Systemanweisungen und Benutzeranfragen. Man kann bei diesem Parameter über „role" die folgenden Rollen mitgeben:

- *system:* Diese Rolle legt den Kontext und das Verhalten des Assistenten für die Konversation fest. Systemnachrichten sind für den Anwender nicht sichtbar.
- *user:* Diese Rolle dient dazu, um die Fragen des Anwenders zu übermitteln.
- *assistant:* Die von dem Sprachmodell generierten Antworten haben diese Rolle implizit inne.

Abb. 9.10 zeigt ein einfaches Beispiel für den Einsatz der Sprachmodell-Parameter. Nur beim ersten Aufruf der API ist *chat_log* leer und die Rolle („role") wird mit dem Wert „system" und der Inhalt („content") mit dem Wert „You are a tour guide in Saarlouis. ..." initialisiert (Zeile 01 – Zeile 12 in Abb. 9.10). Bei jedem Aufruf der API wird der Rolle („role") der Wert „user" und dem Inhalt („content") die Benutzereingabe *question* mit der zusätzlichen Anweisung „Antworte in 50 Wörtern oder weniger." zugewiesen (Zeile 13 – Zeile 18). Es wird dann das Sprachmodell aufgerufen, wobei *model* mit dem Wert „gpt-3.5-turbo" für ein erhältliches Sprachmodell, *temperature* mit dem Wert 0.3 für Kreativität,

```
01 def generate_response(question, chat_log=None):
02     if chat_log is None or not chat_log:
03         chat_log = [
04             {
05                 "role": "system",
06                 "content": "Sie sind ein Reiseleiter in Saarlouis. Erwähnen Sie nicht, dass Sie ein KI-
07                             Sprachmodell sind. Halten Sie Ihre Antworten präzise und auf den Punkt. Geben Sie
08                             keine zusätzlichen Informationen, nach denen der Tourist nicht gefragt hat. Zum
09                             Kontext: Saarlouis ist eine Stadt im Saarland, Deutschland, und die Hauptstadt des
10                             Landkreises Saarlouis."
11             }
12         ]
13     chat_log.append(
14         {
15             "role": "user",
16             "content": question+" Antworte in 50 Wörtern oder weniger."
17         }
18     )
19     response = completion.create(
20         model = "gpt-3.5-turbo",
21         temperature = 0.3,
22         max_tokens = 120,
23         messages = chat_log
24     )
25     answer = response.choices[0].message.content
26     chat_log.append(
27         {
28             "role": "assistant",
29             "content": answer
30         }
31     )
32     return answer, chat_log
```

Abb. 9.10 Beispiel für Parameter

max_tokens mit dem Wert 120 (sas entspricht etwa 50 Wörtern) und *messages* mit dem Wert von *chat_log* mitgeliefert werden (Zeile 19 – Zeile 24). Der Aufruf des Sprachmodells liefert mit *response* (Zeile 19) eine umfangreiche Datenstruktur zurück, in der neben anderen Informationen auch die Antwort steht. Es wird in der Datenstruktur auf die Antwort zugegriffen und der Variablen *answer* zugewiesen (Zeile 25). Es wird der Rolle („role") der Wert „assistant" und dem Inhalt („content") die Antwort *answer* zugewiesen und als Nachrichtenobjekt der Variable *chat_log* angehängt (Zeile 26 – Zeile 31).

Bei jedem API-Aufruf muss die bisherige Konversation als *chat_log* zur Verfügung gestellt werden. Nach einigen Aufrufen sieht *chat_log* wie folgt in etwa aus:

```
[
    {"role": "system", "content": "Sie sind ein Reiseleiter in …"},
    {"role": "user", "content": "Welche Rolle hat …"+" Antworte …"},
    {"role": "assistant", "content": "Das Deutsche Tor spielte eine …"},
    {"role": "user", "content": "Wie ist der Zustand …"+" Antworte …"},
    {"role": "assistant", "content": "Das Deutsche Tor …"},
    …
]
```

Man sieht, dass ab dem zweiten Aufruf nur noch die Rollen „user" und „assistant" hinzukommen und dass *chat_log* immer länger wird. Bei jedem API-Aufruf muss die Frage des Anwenders mit den abgerufenen Dokumenten in *question* und der Chatverlauf in *chat_log* zur Verfügung gestellt werden.

Die Frage des Anwenders mit den aus der Wissensdatenbank abgerufenen Textabschnitten sowie der Chatverlauf werden auf das Token-Limit angerechnet, sodass bei einem längeren Chatverlauf Teile des Chatverlaufs gelöscht werden müssen, um das Token-Limit nicht zu überschreiten. Die Anzahl der erlaubten Tokens hängt dabei vom verwendeten Sprachmodell ab. Zukünftig ließe sich ein Tool für den Chatverlauf erstellen, mit der der Chatverlauf gespeichert und dann durchsucht werden kann, wenn auf eine Frage oder eine Information zurückgegriffen werden muss, die im Chatverlauf schon weiter zurückliegt.

Abgesehen von der maximal möglichen Anzahl an Token, führen mehr Token zu längeren Prompts und folglich auch zu einer längeren Verarbeitungszeit. Dies ist zu berücksichtigen, da die Tourismus-Anwendung eine geringe Latenzzeit benötigt.

9.5 Fragen und Antworten

In Abb. 9.11 ist für den Überblick die vereinfachte Frage-Antwort-Schleife dargestellt, in der die Frage im Zusammenhang mit dem Chatverlauf kondensiert und in eine einzelne Einbettung umgewandelt wird, um sie mit den Einbettungen in der Wissensdatenbank zu vergleichen. Die besten Dokumente werden abgerufen und zusammen mit der ursprüng-

9 Multimodales Fenster in die Vergangenheit der ehemaligen Vauban-Festung ...

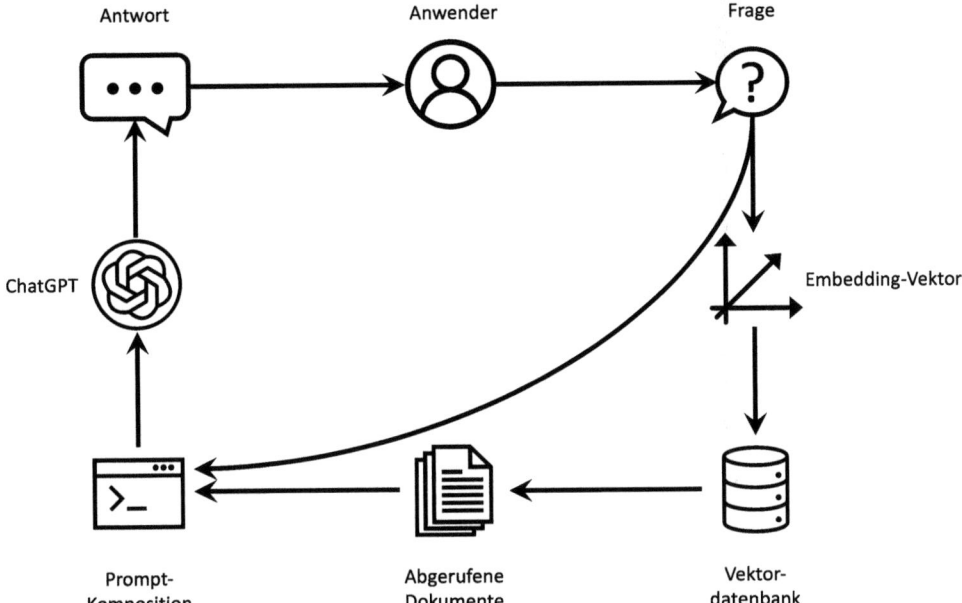

Abb. 9.11 Die Frage-Antwort-Schleife

lichen Benutzeranfrage und anderen Variablen (z. B. Chatverlauf) in den Prompt eingefügt. Dieser wird an ChatGPT gesendet, welches eine Antwort liefert.

ChatGPT ist eine Blackbox, die über den Prompt und die Sprachmodell-Parameter kontrolliert werden kann. Es bleibt für Antworten immer auch Raum für Fehler, selbst wenn die gesuchte Information in der benutzerdefinierten Wissensdatenbank steht. Dies gilt insbesondere für Anwendungen mit Anforderungen an eine geringe Latenz, bei denen für eine schnellere Geschwindigkeit eine geringere Genauigkeit hingenommen wird.

Typische Fragen

Im Folgenden werden einige typische Fragen von Touristen an die Tourismus-Anwendung und die Antworten der Tourismus-Anwendung vorgestellt und bewertet.

Frage „Wie viele Fenster hat die Kirche?"

Antwort „Es tut mir leid, aber ich konnte keine spezifischen Informationen darüber finden, wie viele Fenster die St. Ludwig Kirche in Saarlouis hat. Es ist jedoch bekannt, dass die Kirche ein beeindruckendes Beispiel für moderne Kirchenarchitektur ist und viele einzigartige architektonische Merkmale aufweist."

Bewertung Der Chatbot entschuldigt sich dafür, dass er die Informationen nicht kennt, und gibt einige allgemeine Informationen in Bezug auf die Benutzeranfrage.

Frage „*Wie lautet der Name des Architekten?*"

Antwort „*Der Architekt der Ludwigskirche in Saarlouis ist leider nicht in den Dokumenten erwähnt, die ich durchsucht habe. Es ist jedoch bekannt, dass die Kirche im Zusammenhang mit der Anlage der Festung Saarlouis erbaut wurde. Es könnte sein, dass der Architekt ein Mitglied des Teams war, das unter der Leitung von Sébastien Le Prestre de Vauban, dem berühmten französischen Militäringenieur, stand. Vauban war für die Planung und den Bau vieler Festungen im Auftrag von Ludwig XIV. verantwortlich, einschließlich der Festung Saarlouis.*"

Bewertung Die Informationen über Vauban sind korrekt, aber sie beantworten die Benutzeranfrage nicht. Es wird ein Kirchenarchitekt (der neueren brutalistischen Version) in den Dokumenten erwähnt. Jedoch konnte das Sprachmodell den Architekten Gottfried Böhm nicht aus der benutzerdefinierten Wissensdatenbank abrufen. Das Sprachmodell erwähnt auch, dass es „Dokumente durchsucht" hat, was gegen die in der Aufforderung angegebenen Regeln verstößt.

Frage „*Welche Rolle hat das Gebäude in der preußischen Zeit gespielt?*"

Antwort „*Das Deutsche Tor spielte eine wichtige Rolle in der preußischen Zeit. Als Saarlouis am 1. Dezember 1815 an Preußen übergeben wurde, befanden sich die Festungsanlagen, einschließlich des Deutschen Tors, in einem sehr schlechten Zustand. Die Preußen erkannten jedoch die strategische Bedeutung der Festung und setzten sie in den folgenden Jahrzehnten mit großem Aufwand instand, modernisierten sie und erweiterten sie. So rückten beispielsweise preußische Soldaten durch das Deutsche Tor in die Festungsstadt ein. Es diente weiterhin als wichtiger Zugangspunkt zur Stadt und war ein zentraler Teil der preußischen Verteidigungsstrategie.*"

Bewertung Die Frage wurde unter Verwendung von Dokumenten aus der benutzerdefinierten Wissensdatenbank korrekt beantwortet.

Frage „*Was findet man heute in dem Gebäude?*"

Antwort „*Heute wird das Deutsche Tor vielseitig genutzt. Es beherbergt verschiedene Unternehmen und dient als Veranstaltungsort für kulturelle Events. Die genaue Nutzung kann sich jedoch im Laufe der Zeit ändern. In der Vergangenheit war es zum Beispiel einmal Standort einer Lebensmittelgroßhandlung. Es ist ein lebendiger Teil der Stadt Saarlouis, der seine historische Bedeutung bewahrt hat, während er sich den modernen Anforderungen anpasst.*"

Bewertung Die Antwort bezieht sich im ersten Satz auf das Deutsche Tor. Diese Antwort ist falsch. Das Deutsche Tor ist größtenteils zerstört und dessen Überreste sind jetzt eine

Touristenattraktion. Der zweite Satz bezieht sich auf die Nutzung einer Kaserne (Kaserne X), welche ein anderes historisches Festungsgebäude ist. Diese Antwort ist in Bezug auf die Kaserne richtig, aber danach wurde nicht gefragt und die Kaserne wird ebenso nicht genannt.

Wer viel fragt, erhält viele Antworten
Im folgenden Beispiel wird ein und dieselbe Frage von drei verschiedenen Anwendern gestellt. Bei der ersten Antwort auf die Frage wurde die benutzerdefinierte Wissensdatenbank nicht abgefragt. Die Antwort ist korrekt. Bei der zweiten Antwort auf die Frage wurde die benutzerdefinierte Wissensdatenbank abgefragt, die einen Textabschnitt aus dem Dokument „Saarlouis-1.pdf" zurücklieferte. Die Antwort auf die Frage ist korrekt. Bei der dritten Antwort auf die Frage wurde die benutzerdefinierte Wissensdatenbank abgefragt, die einen Textabschnitt aus dem Dokument „Modul-2-2.1-Franz-Festung-SLS.pdf" zurücklieferte. Die Antwort auf die Frage ist falsch.

Frage „*Wie ist der Zustand des Gebäudes?*"

Antwort „*Leider existiert das Französische Tor heute nicht mehr. Es wurde im Laufe der Jahre abgerissen und ist nicht mehr Teil der Stadtsilhouette von Saarlouis. Aber keine Sorge, es gibt noch viele andere historische Sehenswürdigkeiten in Saarlouis, die Sie erkunden können!*"

Datenbankabfrage –

Benutzerdefinierte Wissensdatenbank –

Bewertung Die Frage wurde *ohne* Verwendung von Dokumenten aus der benutzerdefinierten Wissensdatenbank *korrekt* beantwortet.

Frage „*Wie ist der Zustand des Gebäudes?*"

Datenbankabfrage Zustand des Französischen Tors

Benutzerdefinierte Wissensdatenbank Saarlouis-1.pdf, Seite 14

Antwort „*Das Französische Tor, wie es ursprünglich gebaut wurde, existiert heute leider nicht mehr in seiner ursprünglichen Form. Es wurde im Laufe der Jahre vollständig beseitigt. Aber keine Sorge, es gibt noch viele andere historische Sehenswürdigkeiten in Saarlouis, die Sie erkunden können!*"

Bewertung Die Frage wurde *mit* Verwendung von Dokumenten aus der benutzerdefinierten Wissensdatenbank *korrekt* beantwortet.

Frage *„Wie ist der Zustand des Gebäudes?"*

Antwort *„Das Französische Tor ist in einem guten Zustand. Es wurde in den Jahren 1828/29 umgebaut und verstärkt. Die ursprünglichen barocken Schmuckfassaden wurden durch eine sachliche, schlichte Gestaltung ersetzt. Die Torhäuser wurden bis auf die Höhe des Walls abgetragen. Es ist also gut erhalten und ein beeindruckendes Zeugnis der Festungsarchitektur."*

Datenbankabfrage Zustand des Französischen Tors

Benutzerdefinierte Wissensdatenbank Modul-2-2.1-Franz-Festung-SLS.pdf, Seite 6

Bewertung Die Frage wurde *mit* Verwendung von Dokumenten aus der benutzerdefinierten Wissensdatenbank *falsch* beantwortet.

Die Abfrage der benutzerdefinierten Wissensdatenbank lieferte als Ergebnis manchmal Dokumente über verschiedene Gebäude, von denen das Sprachmodell annahm, dass es sich um ein und dasselbe Gebäude handelt bzw. dass es sich um Informationen über das Gebäude aus derselben Zeit handelt.

Die Textabschnitte in der Datenbank lassen sich anpassen, um spezifischer zu sein. Dazu lässt sich die Größe der Chunks erhöhen, um mehr Kontextinformationen zu speichern. Eine weitere Option ist die Erstellung einer Zusammenfassung des Dokuments mithilfe eines Sprachmodells und das Hinzufügen dieser Zusammenfassung zu jedem Chunk, sodass der Chunk eher als „Teil des Ganzen" gesehen wird. Des Weiteren ließe sich der Titel des Hauptdokuments am Anfang des Chunks einfügen. Chunks können auf der Grundlage von inhaltlichen Unterabschnitten innerhalb eines Dokuments unterteilt werden, wobei ihre Titel/Überschriften als Metadaten erhalten bleiben. Es kann wünschenswert sein, eine Liste der wichtigsten Entitäten am Anfang eines Chunks mithilfe von NER-Techniken (Named-Entity-Recognition) zu haben. Eine weitere Möglichkeit ist die manuelle Erstellung hypothetischer Anfragen und deren Einbettung in die Dokumente, die die Frage beantworten würden. Auch eine Textverarbeitung vor dem Vektor-Embedding des gechunkten Textes kann zu einer höheren Genauigkeit beitragen.

Eine Kombination dieser Techniken kann besonders bei Gebäuden wie der Ludwigskirche nützlich sein, die im Laufe der Zeit viele Rekonstruktionen unterschiedlicher Architekturen und Stile erlebt hat. Die Ergebnisse der Nutzerstudie zeigten, dass in den Antworten manchmal nur die ursprüngliche Ludwigskirche oder die heutige Kirche erwähnt wurde, oder dass Fakten zwischen beiden vermischt wurden. Für jedes Textstück, in dem die Kirche erwähnt wird, könnten wir über einen zusätzlichen Text angeben, um welche Version der Kirche es sich handelt, z. B. *„ursprünglicher Barockbau im 17. Jahrhundert", „neugotischer Bau von Carl Friedrich Müller und Vincenz Statz im 19. Jahrhundert", „aktueller brutalistischer Bau von Gottfried Böhm im 20. Jahrhundert"*.

Es ist jedoch wichtig, dass die zurückgegebenen Chunks nicht die Kontext-Token-Grenze des Sprachmodells überschreiten. In jedem Fall ist die regelmäßige Pflege der Datenbank eine Schlüsselkomponente für die Generierung genauer Antworten.

Wenn das System halluziniert

Da es sich bei den GPT-Serien um große Sprachmodelle handelt, täuschen sie oft Fakten vor, d. h. sie halluzinieren. Der folgende Abschnitt zeigt dieses Verhalten am Beispiel einer Ausgabe von GPT-3.5-turbo, wobei die Halluzination in fetter Schrift hervorgehoben wird.

Frage *„Wer sind berühmte Menschen aus Saarlouis? Antworte in 70 Worten oder weniger."*

Antwort *„Saarlouis war im Laufe der Geschichte die Heimat mehrerer bemerkenswerter Persönlichkeiten. Einer der bekanntesten ist Michel Ney, ein französischer Militärkommandant, der 1769 in Saarlouis geboren wurde. Er kämpfte in den Napoleonischen Kriegen und wurde schließlich wegen Hochverrats hingerichtet.* **Weitere bekannte Persönlichkeiten sind der deutsche Schriftsteller und Journalist Hermann Kinder** *und der deutsche Fußballspieler Kevin Trapp, der in Merzig geboren wurde, aber in Saarlouis aufgewachsen ist.* **Außerdem ist Saarlouis der Geburtsort mehrerer Musiker, darunter der Komponist und Pianist Hermann Zilcher.** *"*

Die häufigsten Halluzinationen traten bei Fragen im Zusammenhang mit dem Deutschen Tor und mit Jahresangaben auf. Es wurde einige Male angegeben, dass sich im Gebäude des Deutschen Tores heute das Städtische Museum von Saarlouis befindet, obwohl sich das Städtische Museum in einer ehemaligen Kaserne befindet. Es wurde einige andere Male das Deutsche Tor mit dem gleichnamigen Tor in der nahe gelegenen Stadt Metz in Frankreich verwechselt. Auf die Frage, wann der Bau der Festung Saarlouis fertiggestellt wurde, wurden mit „1680 – 1690" und „1680 – 1685" unterschiedliche Zeitspannen angegeben. Beide Zeitspannen sind plausibel, aber keines der in der Datenbank enthaltenen Dokumente gibt konkrete Angaben darüber an, wann der Bau abgeschlossen war. Die Datenbank lässt sich um die fehlenden Informationen ergänzen. Es lässt sich aber auch festlegen, dass nur Daten genannt werden dürfen, die aus der Datenbank abgerufen wurden. Bei das Deutsche Tor betreffende Fragen lässt sich „Saarlouis" in die Zeichenkette des Gebäudenamens einfügen, wie bspw. „Saarlouis' Deutsches Tor" oder „Das Deutsche Tor in Saarlouis".

Es scheint auch so, dass die gleiche Anzahl an Halluzinationen erzeugt wird, ganz gleich, ob die Datenbank aufgerufen wurde oder nicht. Manche Fehlinformationen in Antworten, bei denen die benutzerdefinierte Wissensdatenbank verwendet wurde, lassen sich darauf zurückzuführen, dass der abgerufene Textabschnitt nicht genügend Kontextinformationen enthielt. So konnte das Sprachmodell nicht unterscheiden, über welches Gebäude in dem abgerufenen Abschnitt gesprochen wurde. Bei anderen Halluzinationen lieferten die Antworten Fehlinformationen, die wohl auf dem Chatverlauf oder dem Weltwissen des großen Sprachmodells beruhen:

Halluzination mit Zugriff auf die benutzerdefinierte Wissensdatenbank

Frage „Wer war der Architekt?"

Antwort *„Der Architekt der St. Ludwig Kirche in Saarlouis war* **Jean Dumas***, ein talentierter Baumeister aus der Barockzeit. Er hat maßgeblich dazu beigetragen, dass die Kirche heute als ein Meisterwerk der barocken Architektur gilt."*

Halluzination ohne Zugriff auf die benutzerdefinierte Wissensdatenbank

Frage *„Zu welchem Baustil gehört die Kirche?"*

Antwort *„Die St. Ludwig Kirche in Saarlouis ist ein prächtiges Beispiel für den Barockstil. Dieser Stil, der im 17. und 18. Jahrhundert vorherrschte, ist bekannt für seine üppigen Ornamente, geschwungenen Formen und dramatischen Effekte. Die Kirche selbst wurde von dem Architekten* **Sebastian Sturm** *entworfen und ist ein beeindruckendes Zeugnis der barocken Architektur."*

Weder ein Architekt mit Namen „Jean Dumas" noch ein Architekt mit Namen „Sebastian Sturm" werden in der benutzerdefinierten Datenbank erwähnt und auch Online-Recherchen ergaben keinen Architekten mit dem Namen. So handelt es sich bei diesen Namen offenbar um Halluzinationen des großen Sprachmodells.

Es zeigt sich, dass es eine Feedbackschleife für Fragen der Touristen geben sollte, die die Tourismus-Anwendung mit dem großen Sprachmodell und der benutzerdefinierten Wissensdatenbank nicht beantworten kann oder schlimmstenfalls falsch beantwortet. Dazu müssen alle Fragen mit ihren Antworten gesammelt und regelmäßig überprüft werden. Damit lassen sich falsche Antworten identifizieren und die benutzerdefinierte Wissensdatenbank anpassen (bspw. Korrekturen oder Einspielen der Antworten ins System). Gegebenenfalls müssen weitere Zusatztexte mit weiteren Inhalten hinzugefügt werden. Des Weiteren lassen sich auch die am häufigsten gestellten Fragen identifizieren und das System kann auf diese Fragen hin optimiert werden.

9.6 Zusammenfassung und Ausblick

Es wurde für die im Rahmen des Projektes 5G-Inno-SLS entstandene Tourismus-Anwendung ein ChatGPT-Ansatz mit Spracheingabe und Sprachausgabe erarbeitet, der Fragen der Besucher über die Geschichte der Festungsstadt Saarlouis beantwortet. Es wurde gezeigt, wie ChatGPT an den touristischen Bereich angepasst wurde, indem eine benutzerdefinierte Wissensdatenbank aufgebaut wurde mit spezifischem Fachwissen über die Vauban-Festung aus Wikipedia und aus Lehrunterlagen, die vom Museum Saarlouis zur Verfügung gestellt wurden. Die Tourismus-Anwendung erfordert eine geringe Latenz, die man auf Kosten der Genauigkeit für eine schnellere Geschwindigkeit erhält. U. a. wird die benutzerdefinierte Wissensdatenbank nur teilweise durchsucht. Ebenso wird die Anzahl der Token für den Prompt auf ein Mindestmaß reduziert. Um die Leistung des Sprachmodells mit der benutzerdefinierten Wissensdatenbank besser zu verstehen, wurde eine deutschsprachige Nutzerstudie durchgeführt, in der die Teilnehmer die Tourismus-Anwendung nutzten, um Antworten auf Fragen zur Geschichte und Architektur von Saarlouis zu finden. Diese Benutzerstudie wurde zum Zeitpunkt des Schreibens noch ausgewertet. Es zeigt sich aber schon, dass die Anwendung im Großen und Ganzen überzeugte, auch wenn es noch zu lösende Herausforderungen gibt. Für diese Herausforderungen wurden schon Verbesserungsmöglichkeiten erfasst.

In der Zukunft soll die Tourismus-Anwendung für andere Sprachen geöffnet werden. Für Multilingualität lassen sich die verschiedenen Texte, die als Fachwissen in die benutzerdefinierte Wissensdatenbank eingespielt wurden, in verschiedene Sprachen übersetzen, um mit ihnen eine benutzerdefinierte Wissensdatenbank zu erstellen. Für die Spracheingabe und die Sprachausgabe müssen dann auch noch entsprechende Speech-to-Text-Systeme und Text-to-Speech-Systeme erhältlich sein.

Die Tourismus-Anwendung lässt das reiche kulturelle Erbe der Stadt Saarlouis virtuell auferstehen und bringt es nicht nur Touristen und Besuchern, sondern auch den Bürgern der Stadt und der Region immersiv und niedrigschwellig näher. Die innovative Anwendung bezeugt der Stadt eine hohe Kompetenz im Bereich der Digitalisierung und kann insofern für ein positives Zugehörigkeitsgefühl der Einwohner sorgen. Die Tourismus-Anwendung als ein Aushängeschild der Stadt strahlt über die Stadtgrenzen hinaus und ist somit ein digitaler Werbeträger, für den selbst wiederum eine geeignete Werbung im Bereich des traditionellen und des digitalen Marketings [22] erarbeitet werden sollte. Ein Ansatz im digitalen Marketing könnte eine kleine App umfassen, die als Teaser Hunger auf mehr macht, nämlich auf die Stadtführungen mit der HoloLens vor Ort.

Die Integration von ChatGPT in die Tourismus-Anwendung ist nur ein Beispiel von vielen für den Einsatz von ChatGPT. In Kombination mit der HoloLens 2 lassen sich auch technische Anwendungen [23] mit ChatGPT anreichern bzw. aufwerten.

Neueste Entwicklungen zum Einreichungszeitpunkt dieser Arbeit zeigen, wie sich ChatGPT [24] natürlichsprachlich in einem Fall mit sich selbst unterhält, in einem anderen Fall die Konversation zweier Personen vom Englischen ins Italienische und umgekehrt übersetzt oder einem Blinden die Szenerie beschreibt, die er über die Handykamera aufnimmt. Es ist also schon eine Sprachanalyse und eine Sprachsynthese vorhanden. In Zukunft wird ChatGPT mehr und mehr Allgemeinwissen umfassen. (Ein erster Test zeigt, dass auch die neue Version von ChatGPT halluziniert. Weder Deutsches noch Französisches Tor existieren noch; sie werden aber weiterhin von ChatGPT als bedeutende historische Bauwerke aufgezählt, die noch existieren.) Die Erstellung einer benutzerdefinierten Wissensdatenbank ist immer noch wichtig; es ist aber zu erwarten, dass die bisher sehr aufwendige Erstellung einer solchen benutzerdefinierten Wissensdatenbank für Fachwissen von Tools um ChatGPT herum oder durch ChatGPT selbst stark vereinfacht bzw. übernommen werden wird.

9.7 Danksagung

Diese Arbeit wurde durch das Bundesministerium für Digitales und Verkehr (BMDV) unter dem Förderkennzeichen 45FGU105 (Projekt „5G-Inno-SLS") gefördert. Die Autoren danken dem Comic-Zeichner Bernd Kissel für die Erlaubnis und Unterstützung bei der 3D-Konvertierung des Comics Fluxus, dem Stadtmuseum Saarlouis für die Bereitstellung der historischen Dokumente und der Tourismustexte, der Tourismusinfo der Kreisstadt Saarlouis und den freiwilligen Stadtführern bei der Durchführung einer ersten Umfrage und der Kreisstadt Saarlouis und den Stadtwerken Saarlouis GmbH für ihre Unterstützung, hilfreichen Diskussionen und wertvollen Beiträge.

Literatur

1. Deru, M., Chikobava, M., Poller, P., Hauck, C., Klimenko, A., Schmeyer, T. A., Kiefer, G.-L., Baus, J., Brandherm, B., Ndiaye, A., Löw, B., Rupp, H., & Braun, C. (2023). The virtual revival of the City of Saarlouis via a multimodal augmented/mixed reality touristic HoloLens app. In *Human computer interaction international 2023. Human computer interaction international conferences (HCII-2023)*. Springer Cham.
2. Chase, A.V. (2024). Large language model applications in a mobile AR tourism scenario. Master-Thesis, Saarland University.
3. Historisches Museum der Pfalz. plan-der-festung-saarlouis-95912-538460.jpg: CC BY/Historisches Museum der Pfalz, Speyer/Ehrenamtsgruppe HMP Speyer. https://nat.museum-digital.de/singleimage?imagenr=907002. Zugegriffen 10.05.2024.
4. Poller, P., Chikobava, M., Hodges, J., Kritzler, M., Michahelles, F., & Becker, T. (2021). Backend semantics for multimodal dialog on XR devices. In *26th international conference on intelligent user interfaces – companion* (S. 75–77). ACM.
5. PeakLens. https://play.google.com/store/apps/details?id=com.peaklens.ar. Zugegriffen 10.05.2024.
6. CityGuydApp. https://cityguydapp.com/. Zugegriffen am 10.05.2024.
7. Hamburg. Speicherstadt digital. https://www.hamburg.de/bkm/unesco-speicher-kontore/11703088/praktisches-speicherstadt-digital/. Zugegriffen am 10.05.2024.
8. Sons, K., Demme, G., Herget, W., & Slusallek, P. (2013). Fortress City Saarlouis: Development of an interactive 3D city model using web technologies. In *Across space and time. Papers from the 41st annual conference of computer applications and quantitative methods in archaeology (CAA)*. Amsterdam University Press.
9. A journey to Pfaffenthal in the 19th century. https://www.vdl.lu/en/city/projects-and-commitments/smart-city/smart-living/a-journey-pfaffenthal-19th-century. Zugegriffen am 10.05.2024.
10. Microsoft HoloLens 2. https://www.microsoft.com/en-us/hololens. Zugegriffen am 10.05.2024.
11. Mont-Saint-Michel. The historic 3D model comes to life. https://unlocked.microsoft.com/mont-saint-michel/. Zugegriffen am 10.05.2024.
12. Fraunhofer IGD uses augmented reality to visualize Corvey monastery in its original state. https://www.igd.fraunhofer.de/en/media-center/press-releases/fraunhofer-igd-uses-augmented-reality-to-visualize-corvey-monastery.html. Zugegriffen am 09.03.2024.
13. Schaffer, S., Ruß, A., & Gustke, O. (2023). User experience of a conversational user interface in a museum. In *ArtsIT, interactivity and game creation. 11th EAI international conference, Proceedings*. Springer Cham.

14. Hihawai. Saarlouis: Das deutsche Tor und die Kasematten in Saarlouis. Deutsches Tor, Saarlouis. https://Hihawai.de (Lizenz: CC-BY SA 4.0)
15. Chen L., Zaharia M., Zou J. (2023) How is ChatGPT's behavior changing over time?
16. Liu P., Yuan W., Fu J., Jiang Z., Hayashi H., Neubig G. (2021) Pretrain, prompt, and predict: A systematic survey of prompting methods in natural language processing.
17. Almeida, Felipe, & Xexéo Geraldo. (2019). Word embeddings: A survey. arXiv e-prints. https://doi.org/10.48550/arXiv.1901.09069
18. White J., Fu Q., Hays S., Sandborn M., Olea C., Gilbert H., Elnashar A., Spencer-Smith J., Schmidt D. C. (2023) A prompt pattern catalog to enhance prompt engineering with ChatGPT.
19. Jiang, Z., Xu, F. F., Araki, J., & Neubig, G. (2020). How can we know what language models know? *Transactions of the Association for Computational Linguistics, 8:423–438.* MIT Press. Cambridge, MA. https://doi.org/10.1162/tacl_a_00324
20. Khashabi, D., Khot, T., Sabharwal, A., Tafjord, O., Clark, P., & Hajishirzi, H. (2020). UnifiedQA: Crossing format boundaries with a single QA system. In *Findings of the Association for Computational Linguistics: EMNLP 2020*, pages 1896–1907, Online. Association for Computational Linguistics. https://doi.org/10.18653/v1/2020.findings-emnlp.171
21. Safdari, M., Serapio-García, G., Crepy, C., Fitz, S., Romero, P., Sun, L., Abdulhai, M., Faust, A., & Matarić, M. (2023). Personality traits in large language models. arXiv e-prints. https://arxiv.org/abs/2307.00184
22. Poppe, S., & Gampfer, R. (2022). *Konsumentenverhalten im digitalen Kontext – Wie Empfehlungen auf die Einstellungen der Konsumenten im Marketing wirken. Angewandte Wirtschaftsinformatik und angewandte Informatik lernen.* Springer Vieweg.
23. Chikobava, M., Moisieiev, A., Poller, P., Deru, M., Ndiaye, A., Klimenko, A., Braun, C., Baus, J., & Brandherm, B. (2023). Multimodal interactive system for visualization of energy data in extended reality (XR) settings. In *Human computer interaction international 2023. Human computer interaction international conferences (HCII-2023)*. Springer.
24. OpenAI. Hello GPT-4o. https://openai.com/index/hello-gpt-4o/. Zugegriffen am 15.05.2024.

If you have any concerns about our products,
you can contact us on
ProductSafety@springernature.com

In case Publisher is established outside the EU,
the EU authorized representative is:
**Springer Nature Customer Service Center GmbH
Europaplatz 3, 69115 Heidelberg, Germany**

Printed by Libri Plureos GmbH
in Hamburg, Germany